左手制度
右手执行

裴亦新 ◎ 著

中国商业出版社

图书在版编目（CIP）数据

左手制度　右手执行 / 裴亦新著 . -- 北京：中国商业出版社，2017.9

ISBN 978-7-5208-0024-2

Ⅰ . ①左… Ⅱ . ①裴… Ⅲ . ①企业管理 Ⅳ . ① F272

中国版本图书馆 CIP 数据核字 (2017) 第 220360 号

责任编辑：朱丽丽

中国商业出版社出版发行
010-63180647　www.c-cbook.com
（100053 北京广安门内报国寺 1 号）
新华书店经销
三河市宏顺兴印刷有限公司
*
710×1000 毫米　16 开　15 印张　260 千字
2018 年 1 月第 1 版　2018 年 1 月第 1 次印刷
定价：39.80 元
* * * *
（如有印装质量问题可更换）

前言
PREFACE

  一个好的管理制度必须要在高效执行中得到检验，在检验中形成回馈，在回馈中进行调整，调整后再去执行，这样才能使企业获得健康发展和快速成长的动力。制度执行是一种手段，更是一门实践艺术。

  《诗》曰："天生烝民，有物有则。"就是说："有人群就必有规则，有制度。"制度的第一含义是指要求成员共同遵守的、按统一程序办事的规程。制度离不开执行，离开了执行的制度毫无意义。大到国家，小到一个企业，都从未停止过制度设计和执行机制的建设工作，抓制度的同时，也在抓执行，两者不可偏废。制度和执行本身具有整合人力资源，凝聚团体力量，规范个体行为，实现整体目标的功能和价值。

  一个国家如果没有健全的法制，就会给一些不良分子可乘之机。一个企业制度不完善，也会给某些人留下钻营的空子。因企业制度的不完善，管理不知从何下手，最后导致企业决策失控、整体崩溃的局面，案例非常之多。

  小到一个家庭、一个企业，大到一个国家，都有自己的行为准则，用以规范人们的思想、道德和行为。一个企业要有科学健全的管理制度，才能顺利造就出大批符合市场需要的产品，借助这些产品使企业不断地发展和壮大。

古语云：千古之胜系于道，一时之胜系于力。所谓道者，就是方法、智慧、计策、制度；力者，就是匹夫之蛮力、财大气粗之莽夫。一个优秀的企业，一定是一个纪律严明的企业，一个有章可循的企业。

科学健全的管理制度包含着管理思想、管理方法、管理方式，并涵盖着企业的经营理念、企业文化等。但是无论多么完善的制度，都需要执行才能体现其存在的价值。也就是说，再科学、健全的制度如果执行得不好也是形同虚设，只有把好制度执行到实处，好制度才能最大限度地发挥的效用。不但如此，好的制度还能够对执行程序化进行推动和管控。

遵守和执行制度的关键是领导。拿破仑说过：只有不称职的将军，没有不称职的士兵。所以，在制度执行中，领导的作用和影响非常大。

本书紧紧抓住制度和执行之间的相互关系，用几十个经典案例从不同角度，重点阐述了制度与执行"两手"都要硬的道理与原则。为各行业领导者以及员工在制定制度、遵守制度和高效执行制度的方面，提供了高屋建瓴的思维角度和具有可操作性的方法和指导。

目录

CONTENTS

第一章 | 制度与执行两手都要硬

1. 制度如渠，执行如水 _ 003
2. 心中有制度，执行有尺度 _ 007
3. 制度要保持一定的透明度 _ 010
4. 制度要随实际需要而变化 _ 013
5. 执行高效需要制度协调 _ 017
6. 打造一个强有力的执行体系 _ 019

第二章 | 一流执行力需要依托一流制度

1. 高执行需要好制度开创道路 _ 025
2. 制度有缺陷，执行就跑偏 _ 028
3. 制度要权威，更要合理 _ 032
4. 制度的制定要突破习惯性思维 _ 035
5. 没有可控的流程就没有可靠的执行 _ 039
6. 制度面前要坚持领导和员工平等 _ 042

第三章 | 制度的生命力在于执行

1. 执行偏差的制度必定会消亡 _ 049
2. 遵守制度，不讲如果只讲结果 _ 052
3. 制度人性化，执行无情化 _ 057
4. 制度建设在执行中逐渐趋向合理完善 _ 061
5. 不合理的制度对执行的负面影响 _ 065

第四章 | 执行制度的首要因素是人才

1. 人才的热情是执行的重要条件 _ 071
2. 执行人才的选择和培养 _ 075
3. 培养员工遵守制度的习惯 _ 079
4. 领导在遵守制度提升执行力中的作用 _ 082

第五章 | 有效沟通是实现有效执行的前提

1. 高效的执行从沟通开始 _ 087
2. 沟通在制度与执行中所起的作用 _ 091
3. 借助沟通推动执行的有效方法 _ 094
4. 倡导不同形式的沟通方式 _ 097
5. 如何切实有效地提高沟通能力 _ 101
6. 领导与员工的沟通技巧 _ 104
7. 员工如何面对领导的责问 _ 108

第六章 | 严格的监督是执行落地的关键

1. 没有监督的执行将破坏制度 _ 113
2. 如何看待执行过程中的报喜不报忧现象 _ 117
3. 问责制在执行过程中的运用 _ 121
4. 人人都要有监督的责任 _ 124
5. 监督制对执行的保驾护航作用 _ 128
6. 任何人不要找借口拒绝监督 _ 132

第七章 | 用严明的纪律提升执行的整体效力

1. 纪律是敬业和秩序的基本参照系 _ 137
2. 执行要受制度的制约 _ 141
3. 纪律是执行力的安全红线 _ 144
4. 懂得服从是执行的关键 _ 147
5. 没功劳有苦劳是无效的执行力 _ 150

第八章 | 用合理的制度力驱动高效的执行力

1. 不到位的执行等于虚设制度 _ 155
2. 奖惩制度要公平，执行要严格 _ 159
3. 打造企业的"执行文化" _ 164
4. 执行需要遵循一定的流程 _ 169
5. 提升团队执行力，强化整体执行效果 _ 172

第九章 | 有效提升执行力尽显制度张力

1. 把命令执行下去是硬道理 _ 179
2. 忠诚是严守制度的灵魂 _ 182
3. 制度执行要学会变通 _ 186
4. 关注细节才能更好地提升执行力 _ 189
5. 实践好"严、实、快、新"四字要求 _ 192
6. 提高中层领导的执行力 _ 195
7. 领导的执行力就是说到做到 _ 199
8. 如何做一个高效执行的员工 _ 202

第十章 | 把制度和执行铸造成一把双刃剑

1. 制度很重要,出台需谨慎 _ 209
2. 将制度上升为"企业文化" _ 213
3. 慎重处理人情干预制度的问题 _ 217
4. 人性化的制度侧重于能动性的执行 _ 221
5. 执行细节就是维护制度的严谨性 _ 225
6. 通过制度有效提升员工的执行力 _ 229

第一章

制度与执行两手都要硬

制度与执行对企业而言,如人之左右手不可或缺。没有制度,执行成为无源之水、无本之木。没有执行,制度成为一纸空文,形同虚设。

1
制度如渠，执行如水

　　制度与执行，谁是第一位，谁是第二位，好像在比较：你的左手重要，还是右手重要。实际上，制度与执行就像人的左右手，各有各的作用，各有各的不可或缺性，我们不应把二者割裂开，然后强调某一个重要。

　　企业需要制定各项规章制度来保证企业规范化运行，以及推进企业的大大小小的目标和工作计划。同时，要想使制度得到贯彻执行，行之有效，不落空，需要强有力的执行来保证。制度再多，假如员工的理解和认识产生偏差，消极对待，没有形成有效执行力，那么制度就会形同虚设，流于形式。

　　制度引导执行，执行反映制度，执行所揭示和解释的是制度意识、制度思维和制度要求。这种关系可以用"制度如渠，执行如水"来概括。

　　关于制度和执行的关系，有一个英国运送犯人到大洋洲的故事，也许可以说清楚这个问题。

　　18世纪80年代开始，为了开发大洋洲，英国政府决定将已判刑的囚犯运往大洋洲，这样既解决了英国监狱人满为患的问题，同时，又给大洋洲送去了丰富的劳动力。

运送犯人的工作承包给了一些私人船主。一开始，英国政府是以装船的犯人个数来支付船主费用。船主们为了牟取暴利，用破旧的改装货船运送囚犯。船上设施简陋不堪，卫生条件极差，犯人死亡率非常高。一旦船只离开了岸，船主按照人头数拿到了政府的钱，对于这些犯人能否活着到达大洋洲就不管不问了。

英国历史学家查理·巴特森在其所著《犯人船》一书中记载：1790年到1792年间，私人船主运送犯人到澳洲的26艘船共载运4082名犯人，死亡498人，平均死亡率为12%，其中一艘名为"海神号"的船，运送的424个犯人死了158个，死亡率达37%。这么高的死亡率，不仅在经济上造成巨大损失，道义上也引起了社会各界人士的强烈谴责。英国政府在这个问题上纠结了多年，想了很多解决的办法。

最初，英国政府往每艘船上派一名监督官员和一名医生，同时还对犯人在船上的生活标准做了硬性规定。但是，犯人的死亡率不仅没有降下来，有的监督官员和随船医生也不明不白地死了。原来一些船主为贪图暴利而贿赂官员和医生，一些坚持正义的官员、医生不肯就范，便被扔到大海里喂鱼去了。

然后，政府不得不采取新的办法，把船主们都召集起来开会，告诫他们要爱惜他人生命，要理解政府运送犯人到大洋洲开发是为了国家的长远大计，但情况没有任何好转，犯人死亡率仍然居高不下。

这时候，一位议员看出了漏洞，他说：私人船主钻了制度的空子，而现在制度的缺陷是政府给予报酬是以上船囚犯人数来计算的，而不是以到岸囚犯人数来计算。应当改变付费制度。不管在英国上船多少人，到大洋洲上岸的时候再清点人数，然后以到岸囚犯人数支付报酬。

按到岸人数付费制度执行后，效果马上变好。船主们主动请医生跟船，在船上准备药品，改善随船犯人的生活，尽可能地让每一个上船的犯人活着抵达澳洲。改变付费方法后，三艘船到达大洋洲，所载运的422个犯人中，只有1人死于途中。

此后，制度进一步完善，政府按到达大洋洲的犯人数及其健康状况支付费用，情况好的甚至还给予奖励，情况进一步好转。

对于唯利是图的私人船主，政府的硬性规定、强力监督和道德说教都不灵光，但是改变了一下付费制度，执行情况就截然不同了。

一座城市北面是一个大水库。此地山清水秀，环境优雅。每年的游泳季节这里都会迎来大批的游泳爱好者。水库是这里居民生活用水的重要来源，理应禁止游泳，相关部门三令五申不准在此地游泳，但是屡禁不止，人们不受影响一如既往来此游泳。

后来，情况出现很大的变化，来此游泳的人越来越少，最后就没有人来了。导致变化产生的原因仅仅是自来水公司改了一下标语牌，把"禁止游泳"改为"你和你的家人喝的自来水就来自这里"。

由此可见，执行受制度的影响巨大。制度的改变，往往带来执行的巨大变化。由此，要想获得良好的执行效果，制度一定要"因地制宜"。

另外，在制度适宜的基础上，要想执行的效果良好，一定要坚决维护制度的权威性。只有这样，才能让执行落到实处，获得好的结果。

战国时期，卫国有个君主叫卫嗣君，在他主政期间，有一个苦役犯了罪，跑到了魏国。在魏国，他凭借自己的医术，治好了魏襄王王后久治不愈的大病，由此得到了魏襄王的宠爱。后来卫嗣君知道了这个人的行踪，就派人带了很多钱去魏国，希望能把那个犯法的人买回来，但是魏襄王坚决不同意。前后去了五次都没能赎买成功。最后卫嗣君决定拿出一座小城邑去换这个人。

起初群臣见卫嗣君拿钱买人还以为是意气用事，都不太在意，现在见他真要拿一个城邑去换一个人，大家都坐不住了，纷纷向卫嗣君进谏："用一个城邑换一个小人，是不是不值当啊？"

卫嗣君听了摇摇头，说道："这就不是你们所能理解的了，我当然知道一个城邑换一个人不划算，但这件事关系到我国的王法问题。你们要明白，违反王法是原则问题，再小也是大问题。有法不依，该判的不判，犯了罪也照样逍遥法外，那我还怎么治国？再多十个城邑也没用。如果有法必依，违法必究，那么失去几个城邑也是值得的。"

不久，这番话传到了魏襄王耳朵里，魏襄王沉思良久，自言自语道："一个国君想依法治国，我却与他作对。我不是也想把魏国治理好吗？"于是下令将那个犯罪的人无条件地送回卫国，交由卫嗣君依法处置。

制度与执行二者相互联系、相互作用、相互制约，你中有我，我中有你。当二者达到和谐统一时，就会产生极大的推动力；当二者相矛盾、相抵触时，就会产生极大的阻力。在工作过程中，领导者就要处理好二者的关系，以求达到和谐统一，产生高效执行力。

2

心中有制度,执行有尺度

人是水,制度是堤。有这样一则故事:河水认为河堤限制了它的自由,一气之下冲出河堤,冲向原野,淹没了房屋与庄稼,给人们带来了灾难。但河水也由于蒸发和大地的吸收而干了。

河水在河里能掀起巨浪,推动巨轮,而当它冲决河堤以后,就只会造成灾害,既危害他人,又毁了自己。

从一定意义上说,制度是人们行为的标准和尺度,为人们提供自由活动的空间,由此构成社会秩序的基本框架。

制度影响、制约、塑造着人们的行动。它不仅告诉人们不能做什么、禁止做什么,同时也告诉人们可以自由地去做什么。因此,制度是自由的尺度,是自由的边界。

可以说,在人的自由发展中,基础是制度,框架是制度,边界是制度。很多时候,制度就是底线,守规矩就是守底线。

英国政治家伯克说:与制度相结合的自由才是唯一的自由;自由不仅要同制度并存,而且还须臾缺不了它们。

从前，有一只真抓实干的猫，每天能捉10多只老鼠，这让老鼠们吃尽了苦头。于是，老鼠们召开研讨会共商对付猫的办法。有的老鼠建议加紧研制毒药，有的老鼠说干脆一齐扑上去把猫咬死。最后，还是老奸巨猾的鼠王提出了一个与众不同的想法："老鼠杀猫是不可能的。如果不能杀死它，就应设法躲避它。咱们推选出一名勇士，偷偷地在猫的脖子上挂个铃铛。这样一来，只要猫一动就会有响声，大家就可以事先躲起来。"

老鼠们公认这是个很好的想法，但怎样执行呢？高额奖金、颁发荣誉证书等办法一个又一个地提出来，但讨论来讨论去，老鼠们也没有找到一个敢于执行这一决策的勇士。

有好的想法却不能执行，那只能是空想。同样，对于企业来说，领导有了决策，但因脱离了实际，无法执行，最终也无济于事。因此，在让员工执行决策之前，领导首先要根据本企业的实际做出科学决策，确保计划切实可行。

一滴水珠虽小，却能折射出太阳的光辉；一撮火苗虽小，却能点燃整片森林；一个蚁穴虽小，却能摧毁整个堤坝。要重视执行的小处和细节也是执行工作中非常重要的一部分。

同样的工作系统，同样的工作环境，同样的规章制度，为什么会有不一样的结果？只能说是执行出了问题。虽然也在遵守规章制度，却没有将高效写进自己的心里，执行就会大打折扣。事实上，应该做到心中有制度，执行有尺度，认真严肃地对待自己的工作，审慎细心，尽量把工作完成得更好。

从结果的视角来审视，执行的尺度非常重要，因为只有控制好了尺度才能让制度显现效果。

  企业领导的经营决策和市场目标的实现，要依赖于员工的执行。企业必须拥有能够实现企业目标的员工执行力，才能在不断变化的市场竞争中获得一席之地，因此，要注重对员工执行力的培养。而要保证员工高效的执行力，就要保证制度制定的合理性。

3

制度要保持一定的透明度

在路口等红灯的时候,如果有人开始闯红灯了,就会有更多的人跟上去。本来想等绿灯的你,是不是也跟着走了呢,这就好比一个人开始起哄,大家也纷纷效仿起来。

这种跟风心理随处可见,其实企业、公司、机关里也不例外。

制度制定出来是让人遵守的,如果无人遵守,制度就成了没有价值的摆设。然而,很多企业的组织规章往往就会遭遇到这样的尴尬境地:企业里没有人遵守所谓的规章制度,大家对于那些既定的规则视若无睹。

制度得不到应有的重视,变成了橱窗中无人问津的摆设。行为心理学家在研究中发现,在一个群体中,当其中一个人打破群体中的一项规则时,就会有更多的人接二连三地打破这项规则。这种行为现象,被称为"破窗效应"。

美国斯坦福大学的心理学家詹巴斗为验证这种心理现象,设计了一个非常巧妙的实验。

整个实验一共分两个阶段。首先,詹巴斗找了两辆一模一样的汽车。

在实验的第一阶段，他把其中的一辆摆在帕罗阿尔托的中产阶级社区，而另外一辆车停在相对杂乱的布朗克斯街区。停在布朗克斯街区的那一辆汽车被詹巴斗摘掉了车牌，顶棚也被打开，显示出一副"破"的样子。结果，这辆车一天之内就被人偷走了。而放在帕罗阿尔托的那一辆，摆了一个星期也依旧完好、无人问津。

为了排除治安差异的影响，詹巴斗设计了实验的第二阶段。在实验的第二阶段，詹巴斗用锤子把那辆完好的车的玻璃敲了个大洞。依旧是停放在原来的位置。他们观察这次是否会出现与第一阶段相同的情况。结果仅仅过了几个小时，这辆车就不见了。

研究人员认为，并不是两地的治安差异导致车子被偷，而是车子的"破"导致了这种现象。

以这项实验为基础，政治学家威尔逊和犯罪学家凯琳提出了"破窗理论"，即如果有人打破了一座建筑物窗户上的玻璃，而这扇玻璃又得不到及时的维修，他人就可能受到某些暗示性的影响作用，认为这是一种变相的纵容，会不断有人"跟进"的。

这就要求领导者要带头遵守制度，如果领导者失去了这种表率作用，将自己置于制度之外，那么就不可能会有好的执行效应。同时，为了保证制度的这种公平性，制定制度时要保持一定的透明度。

有一个著名的法则叫金鱼缸法则。金鱼缸是玻璃做的，透明度很高，不论从哪个角度观察，里面的情况都一清二楚。

金鱼缸效应运用到管理中，就是要求领导者必须增加规章制度和各项工作的透明度。各项规章制度和工作有了透明度，领导者的行为就会置于员工的监督之下，就会有效地防止领导者滥用权力，从而强化领导者的自我约束机制。员工在履行监督义务的同时，自身的主人翁意识和责任感得到极大的提升，而敬业、爱岗和创新的精神也必将得到升华。

"金鱼缸效应"是由日本最佳电器株式会社社长北田光男先生提出的。北田光男先生强调，把增强透明度的重点放在各级经营领导者的经济收入上，要求企业各级领导者的经济收入和费用报销要如实地向企业利益相关者公开，接受企业利益相关者的批评建议，并根据员工们的意见，对经营管理进行改进。

公开和透明当然会有风险，民主管理模式也不是没有缺点，但与企业组织的"专制""威权"模式相比，却是一种成本最低的治理模式。无论是政府、还是企业遇到危机和问题，我们最常用的手段就是"捂"和"盖"，为此常把"稳定""大局"作为借口。其实所谓的"稳定"和"大局"，只不过是为官者眼前的"稳定"和仕途的"大局"，根本不是"组织"的大局，为此不惜以牺牲组织整体的信用和长远利益为代价，本质上是"公权私有""权力寻租"的一种反映。

当然，"透明"并不是孤立的，而是建立在公平、公正的基础上的，它们之间是相辅相成、相互促进的作用。从某种意义上讲。公开和"透明"只不过是一种结果，公平、公正才是根本，离开了这一根本，"透明"也只能是奢望了！

4
制度要随实际需要而变化

现代企业管理制度是企业进行基础管理不可或缺的工具。制定管理制度的目的：一是为了规范员工的行为；二是促进企业快速发展，以提高企业的管理效能。

随着社会环境的变化以及企业的发展壮大，过于陈旧的强制制度和约束制度，已经不能适应现代企业的管理需求，越来越多的制度应逐渐软化，直到符合企业的变革与创新。

近几十年来，企业所处的政治、经济、科技环境发生了巨大的变化，不能再用一成不变的制度管理企业，否则企业必将被错综多变的环境变化所淘汰。同时，内部环境也处于一种不断变化的状态，这种变化同样要求管理制度的软化。

好的制度能使坏人变成好人，坏的制度能使好人变成坏人。这是制度的巨大作用。

《左传》讲了这样一个故事：

在离鲁国城门几里地远的地方,有一大片草地和树林,里面的野生动物非常多。在一个初冬时节,有人在里面打猎。为了驱逐树林里的野兽,有人心急竟然放了一把火。谁知道火越烧越大,眼看就要烧到都城了,情况十分危急。

鲁国的国王在宫中闻听消息,急忙带人去灭火。他们赶到火场一看,发现没有人灭火,很多人都在追逐那些四处逃命的野兽。国王没有很好的办法,只好派人去请孔子。

孔子来后对国王说:"大王,之所以没有人去灭火,是因为灭火很危险,而且还没有奖赏。而追逐野兽的那些人却能得到实惠,而且非常快乐,还不会受到处罚。"孔子看出了国王的疑惑,进一步说:"现在火势蔓延,情况紧急,只能用处罚的办法,下命令谁要不去灭火就重罚谁,这样去灭火的人就多了。"

鲁国国王一听大喜,马上命孔子代为颁布灭火令。"不去灭火的人,以大罪论处,格杀勿论。"此项命令一下,众人都跑去灭火,大火很快被扑灭了。

众人为什么一改常态积极去灭火,是因为他们感到了恐惧,不去灭火就要被杀头。制度决定执行,从一定意义来讲,制度是执行的标准,制度引导执行,制度决定执行。

在现代人自我需求高涨的影响下,企业管理制度必须要有逐渐变化的趋势,以适应时代的需要。

管理制度的最大特点是规范性。但是,对企业来说,长久不变的规范不一定是好规范,应该根据企业发展的需要而进行相应的改变。在企业发展过程中,管理制度应具有相应的与企业生命周期对应的稳定周期与动态的时期。稳定周期与动态时期是受企业的行业性质、产业特征、团队人员素质、环境、领导的个人情况等相关因素综合决定的。

管理制度的规范性体现在两个方面：一是客观事物、自然规律本身的规范性和科学性；二是特定管理活动所决定的规范性。

管理是有层次性的，管理制度也要有层次性。一般的管理制度可以分为责权利制度、岗位职能制度和基础制度三个层次。各层次的管理制度包含不同的管理要素。前两个制度包含更多的管理哲学理念与管理艺术的要素，后一个属于操作和执行层面，强调执行，具有更多的科学和硬技术要素的内容。

施行管理制度的目的是管理团队、实现企业目标，不是为了制度而制定制度。管理制度应该简洁明了，便于理解和执行，便于检查和考核。

原来的企业管理制度主要是要求员工无条件服从，而现代企业倡导的是引导机制，领导扮演的角色既不是生产的指挥者、调度者，也不是人际关系的调节者，而是一个引导者、领路人。由此，现代企业管理制度的制定需要做到下面几点：

（1）倡导人文精神，实现人性化管理

现代管理理论认为，人是管理诸多因素中最重要的因素，没有人，任何工作都无法进行，更谈不上管理了。因此，对企业的管理要提倡人文精神，通过对人的关注去有效地实现管理目标。

人性化管理要求领导在工作中制定新的管理制度时，将现有的"约束制度"甚至"强制制度"软化，让员工在企业中切实感觉到有"人情味"的管理制度，从而愿意发挥自己的聪明才智。

（2）员工参与制度制定，实行自我管理

员工参与到制度的制定中，可以让管理过程中可能遭遇的各种难处得以体现，让制度的实效性更为精准，同时，也便于自我管理。因此，在制定制度时，可以向员工发放问卷，召开座谈会或是成立一个由员工组成的制度委员会，及时了解员工对制度的要求。这样制定出来的制度更容易让员工接受。

（3）优胜劣汰，及时替换不合适的制度

按照企业发展的需要，及时更新管理制度，使之与企业的运行相适应。制度的改变也是管理的一种，更新制度的过程体现出的是企业民主管理方式和随机应变的管理方法。

5

执行高效需要制度协调

执行力对个人而言就是办事能力,对团队而言就是战斗力,对企业而言执行力就是经营能力。衡量执行力的标准,对个人来说就是按时按质按量完成自己的工作任务;对企业而言就是在预定的时间内完成企业的战略目标。

事实证明,当一个员工情绪激昂、心情愉悦的时候,工作往往积极主动,也就是执行力高;反之,当他情绪不高,心情郁闷的时候,即使他嘴里说"一定好好干",但其行动一定是不积极的,执行力也不可能有多强。

员工执行力是否到位,既反映了企业的整体素质,也反映出领导的角色定位是否准确。领导如何培养、提高部属的执行力,是企业总体执行力提升的关键。如果员工每天能多花十分钟替企业想想如何改善工作流程,如何将工作做得更好,领导的策略自然能够被更好地执行下去。

如何培养和提高执行能力呢?简单来讲,首先,应该对执行人员进行执行前的培训,让执行人员明白自己要做什么?该做什么?做到什么程度?心中有数,执行才可能不发生偏差。

其次，还要有工作意愿。充分发挥主观能动性和责任心，在接受工作后应尽一切努力、想尽一切办法把工作做好。作为基层员工一定要有做事情的实干精神，公司最需要拥有不懈求胜意志的人，这种人只有在工作完成时才会感到满足。因此，作为领导者，要注意观察每个人的工作情况，分辨出谁才是认真做事的人。这些人通常能激发其他员工的士气。

再次，要保证端正的工作态度。有令不遵，违规操作，是执行态度不端正的表现。做工作的意义在于把事情做对、做到位，而不是只做到五成、六成，甚至完全变形，应以较高的标准来要求自己。

还有，光靠执行者的行为能力、意愿以及态度不足以把事情做好、做到位。要想做好、做到位，还需要相关领导进行有效的督促与控制，以保证执行者的行为不偏离正常轨道。

领导有效督促与控制的方法如下：

（1）事前跟进。发现潜在风险提前给员工预警。

（2）事中跟进。在任务进行中发现问题后，寻找解决办法，使员工的工作重新回到正轨上来。

（3）事后跟进。出现问题后，找出原因，提供补救建议和具体措施，避免员工再犯同样错误。

（4）授权不授责。大多数领导的通病是授权又授责，这样导致的结果就是权责不分，职位越高，承担的责任越小，做的多就错的多，领导不做具体的事，永远不出错，被授权的人害怕出错而不停地往下授权，这样必然没有好的结果。

（5）提出明确说明和要求。对那些可能是以前所遗留下的含糊不清的或没有论及的问题，领导要能给予明确而又清晰有力的说明。然后，还要提出对未来的展望，以使将来组织工作的重点能集中到所提出的焦点上来。

6

打造一个强有力的执行体系

经常有人这么说:"麦当劳、肯德基的西式快餐跟中国的美食相比完全不在一个水平,因为它们除了千篇一律的汉堡包、薯条外,并没有其他特色。"可是,麦当劳、肯德基却在数十年的时间里席卷世界各国,其中也包括中国。

虽然总是有人在说麦当劳的汉堡包是垃圾食品,肯德基的薯条太普通,但是这些都没有妨碍麦当劳、肯德基在中国市场上取得巨大的成功。为什么呢?麦当劳、肯德基的战略极为清晰、简单,应该说完全可以模仿。但是,为什么只有它们取得了巨大的成功,而偌大的中国却没有产生强大的竞争对手呢?重要原因在于它们拥有精细的执行体系,它们在管理方面的细致、全面,远远超出了我们的想象。正是凭借这精细的执行体系,健全的制度,它们才能快速地在全球复制,不断取得成功。

有关数据显示,美国通用电器公司连续10多年完全实现预算计划,与华尔街投资分析师的分析预测几乎完全一致;它制定一项战略后,在一年内必定产生预期的结果。作为一个跨越13个行业的巨型企业集团来讲,它就像一个小企业般高效、灵活，有战斗力，可以说其执行力是惊人的。通用电气公司前 CEO 杰克·韦尔奇经常手写一些便条，亲自封好后交给中层经理甚至普通员工；他能叫出数千位通用电气公司管理人员的名字，亲自接见所有申请担任通用电气公司 500 个高级职位的候选人。通过这些简单而有效的办法，杰克·韦尔奇的战略得到有效的贯彻执行，通用电气公司也形成了一个具有强大执行力的优秀团队。

沃尔玛是全球最大的零售企业，董事长罗伯特·沃尔顿一再强调，沃尔玛之所以能够取得今天的成就，执行力起了不可估量的作用。可以说，沃尔玛的业态再老不过了，店面零售是最早的商业形态之一，但是，如今它已经成为优秀企业的典范。一个普通得不能再普通的商业形态，产生了一家全球第一的企业。甚至有人这样说："只要沃尔玛想得到的，它总是能够得到。"

IBM 是全球最有影响力的 IT 公司，其最成功的一任 CEO 郭士纳曾卖过烟草、饼干，然而由于他成功地领导 IBM 取得了巨大的成就，使他在高科技行业里一举奠定了"全球最成功的 CEO"的殊荣，他带领着 IBM 公司成功地向"IT 服务业"转型，谱写了一个"大象也能跳舞"的业界传奇。

郭士纳认为，一名成功的领导者应具备三个基本特征：有自己的关注点；在执行方面具有卓越的品质；具有个人领导艺术。这位神奇的商业领袖还认为这三个基本特征适用于所有规模和类型的组织，无论是大公司，还是小公司；无论是营利机构，还是政府机构。20 世纪 90 年代以来，IBM 尽显大家风范，进退有据、纵横捭阖。不断超越，成为 IT 产业中最具战略眼光的卓越公司。

对于任何一个企业而言，想要完成计划和任务、达到目标，领导者必须全身心地投入到企业的日常运营当中。执行是上至最高领导者，下至门卫、清洁工都应该认真对待的工作。领导者并不只是从事高瞻远瞩的谋划和构思，也不只是从事所谓的决策，领导者必须切身地融入企业具体的运营当中，带领自己的团队将计划和目标落实到实处。领导者要学会执行，要带头执行，如亲自挑选其他领导者、确定战略方向、引导企业运营、跟踪并掌控执行进度、检查并评估执行效果、落实各项计划等。这些工作都是执行的核心。

一个企业无论规模的大小，领导者都不能将自己应该亲力亲为的工作交付给其他任何人。领导者不但要做好属于自己的执行工作，还要带领和指导下属做好属于他们的执行工作。只会谋划、构思，不能执行、落实的领导者是不合格的。

缺乏执行力的领导者不可能带出一支执行力强的团队。同样，不懂得执行，不懂得如何完成任务的员工，也是不合格的员工。执行力是决定组织成败的一个重要因素，是构成组织核心竞争力的一个重要环节。

你是否想过：为什么满街的咖啡店，唯有星巴克一枝独秀？为什么都是做超市，唯有沃尔玛雄踞零售业榜首？应该说，各家便利商店和咖啡店的战略都是大致相同的，然而绩效却是大小不相同，道理何在？关键就在于是否具有非常强的执行力。

当然，我们不可否认，许多企业的成功离不开其战略的创新或经营模式的新颖，但如果其执行不强，也一定会被模仿者追上，因为它们和竞争者的差距就在于执行力的强弱。

第 二 章

一流执行力需要依托一流制度

执行需要制度开创道路，再牛的执行力，如果没有与之相匹配的制度，也发挥不出效力。制度如果先天不足，那么执行就会跑偏。

1

高执行需要好制度开创道路

东汉末年,天下大乱,刘备为实现统一天下的愿望,特意拜访在南阳隐居的名士诸葛亮,请他出山帮助自己实现一统天下的宏愿。他连去了两次都未能见到诸葛亮。他第三次去,才见到对方。刘备说明来意,畅谈了自己的宏图大志。诸葛亮推心置腹,提出了首先夺取荆州、益州,然后东联孙权,北伐曹操的战略方针。刘备听后大喜,于是拜诸葛亮为军师。

诸葛亮竭力辅佐刘备,刘备对诸葛亮也信任有加。但是刘备的这种做法却引起了关羽、张飞的不悦。他们不时在刘备面前表现出不满的样子,秉性耿直的张飞更是满腹牢骚。

刘备耐心地做了解释,他形象地把自己比作鱼,把诸葛亮比作水。他说:"我刘备有了孔明,好像鱼儿得到了水一样。"以后,刘备在诸葛亮的辅佐下,东联北伐,占荆州,取益州,军事上节节胜利,势力不断扩大,最终与魏、吴成了三足鼎立之势。

诸葛亮出山帮助刘备建立一番基业,就是一个执行力成功的案例。对于诸葛亮来说,他的出山更像是和自己的一个打赌,赌刘备是一个想做大事的主君,不会轻易改变自己的志向,始终相信自己的执行能力。结果说明,诸葛亮和刘备都是赢家。

我们的人生其实也像是一场赌博,你可以选择做一个什么样的人,决定出什么样的牌,最终这些选择和决定会影响你的人生。你应该积极占据主动位置,学会积极思考,学会主动行事。刘备主动选择了诸葛亮,同时,诸葛亮也选择了刘备,这样双方成就了一番事业。

企业的发展有三个不同的阶段:第一阶段发展靠技术竞争,第二阶段则靠制度竞争,第三阶段靠人才竞争。因此,有人说企业的竞争归根结底是人才的竞争,这话说得不无道理,可人才之间的竞争实际上又是管理制度的竞争,如果缺乏科学合理的用人机制和激励机制,人才不免会大量流失,那么又何谈人才竞争呢?

管理制度是吸引人才、留住人才,进而用好人才的根本保证。"只有栽了梧桐树,才能引来金凤凰"。这梧桐树,就是企业一整套必备的能够真正吸引人才、抓住人心、让人才发挥作用的先进的管理制度。

目前,很多企业尚处于制度竞争阶段,制度的不完善成为制约发展的主要瓶颈。为了通过各种认证,制定一摞摞的制度,但在实际工作中却把这些制度束之高阁的企业比比皆是。一位人力资源管理方面的专家曾说过:"若是管理制度的循环得到切实执行,那就不需要绩效管理。"因为,绩效管理是通过标准的制定和流程的细化更好地解放人的创造性,它是建立在管理制度基础之上的。如果管理制度得到彻底的执行,绩效管理就失去了作用。因此,建立一套科学、严谨的管理制度,才是目前企业竞争优势的基础。

企业管理中有这么一句名言:"好的决策还得要有好的执行来支持。"

一家企业，开始时规模比较小，执行得力不得力很容易看见，也很容易加强和改善，领导者可以采取粗放型的管理模式。经过几十年的发展，成为拥有几十家分公司和几家子公司的大型集团公司，这个时候，执行力就非常关键了。有力的执行会为企业带来巨大的经济效益，反之，乏力的执行必然会让公司发展缓慢，缺乏市场竞争力。

但归根结底，需要有一套合理规范符合实际的制度做保障，才能让执行"有法可依""有法必依"，最终形成高效执行力，推动企业向前发展。

2

制度有缺陷，执行就跑偏

制度，简单说就是纪律和规矩。俗话说没有规矩不成方圆，无论在世界的什么地方都是如此。人的自觉意识是世上最不容易靠得住的，如果没有规矩、良心、道德和制度的约束，很难想象执行会是怎样个糟糕情况。因此，建立一套科学合理的规章制度，是十分必要的。

企业发展壮大需要三方面工作：企业战略定位、企业运营模式、企业制度建设。企业经过了创业期、培训期、成长期的艰苦奋斗，由小到大，由弱到强，业务领域不断拓宽，规模效益不断扩大，步入良性循环的快车道，其中制度建设影响巨大。

秩序是一切制度的基石。组织与团队要能长久存在，其重要的维系力就是团队秩序。要建立团队的秩序首要的一点是：领导者自己要身先士卒维护秩序。

"秩序可以促使一个人走上成功之路。"一位教授曾说过，"领导者的气势有多大，就看他一个人的秩序有多深。"一个好的领导者必定是懂得自律的人，而且也一定是可以坚持及带动团队遵守秩序的人。

三国时，诸葛亮与司马懿在街亭对战。诸葛亮手下大将马谡自告奋勇要立下军令状守街亭，诸葛亮心中虽有担心，但马谡表示愿立军令状，若失败就处死全家，诸葛亮才勉强同意他出兵，并指派王平将军随行，并交代在安置完营寨后须立刻绘图回报。同时，叮嘱马谡有事要与王平商量，马谡一一答应。

可是大军到了街亭，马谡执意扎兵在山上，完全不听王平驻扎在山口的建议，而且没有遵守约定将安营的阵图送回本部。等到司马懿派兵进攻街亭，围兵在山下切断粮食及水的供应，马谡才后悔不迭，但是已经悔之晚矣。马谡兵败如山倒，重要据点街亭失守。事后诸葛亮为维持军纪而挥泪斩马谡，并自请处分降职三等。

从诸葛亮挥泪斩马谡的故事中，可以得出制度要得到有效执行，必须具备以下三点：

第一点：制度本身要合情合理，与其他制度相融洽，不能这个制度这么说，那个制度那么说，制度之间互相打架，这样会让执行的人无所适从。另外，制度本身要具有可操作性。

第二点：执行的时候要强调相关秩序，如诸葛亮要求马谡在安营后告知，还要与王平商量，这就是操作中的关键节点。可惜马谡没有遵守这个秩序，致使告诫无效。

第三点：执行结果要考核，考核以后要兑现。斩马谡就是将执行的结果进行考核兑现。马谡立了军令状，就得承受自己的结果。诸葛亮虽然"挥泪"，但不得不做，而且还自降三级。如果诸葛亮不如此执行，其他人都将会纷纷效仿，不守秩序，以后的军纪将难以维持。

制度不是为了挂在嘴上、贴在墙上，而是为了要执行的，执行力的好坏将直接关系到企业有没有发展、个人有没有绩效。

再好的制度如果不执行也只能是聋子的耳朵——摆设。公司管理制度是公司为求得最大效益,在生产管理实践活动中制定的带有强制性,并能保障一定权利的各项规定或条例,大到公司的人事制度、生产管理制度,小到按时打卡,排队就餐等各项规定,都是公司制度的体现。

公司管理制度作为员工的行为规范,一定程度上能保障员工个人活动得以顺利进行,同时又是维护员工共同利益的一种强制手段,因此,公司各项管理制度是公司进行正常生产经营管理所必需的。优秀公司的管理制度必然是科学、完善、实用的管理方式的体现。

制度包括正式制度和非正式制度。正式制度是指人们有意识创造的一系列政策法规,具体到公司则指公司的产权制度、治理结构、组织结构及规章制度。非正式制度是指人们长期交往中形成的、世代相传的文化的一部分,对公司而言主要指企业文化。在现实中,两者往往相辅相成,互相配合。

目前很多公司的管理制度存在问题,比如:有的制度存在很大的纰漏,给少数不良员工以逃避责任或者邀功请赏的机会;有些制度完全是为了应付领导检查而制定的,这样的制度不仅不能起到效果,反而浪费了精力和人力。我们要反思,为什么会出现这些情况,是制度本身制定有缺陷还是纪律性有待提高。

如果制度不合理,一定要改进,如果员工纪律性不强,一定要加大宣传力度,也有必要采取强制性的措施。只有员工养成了遵守制度的好习惯,工作才能有序健康地展开。如果制定的制度长期得不到执行,那么制度就丧失了权威性,大家都抱着侥幸的心理去面对。

比如开会制度,对缺席人员怎么处理,要按制度采取奖励和惩罚措施。如果长期不执行，很多人都抱着侥幸的心理不尊重制度。经常开会的人员难免会心理不平衡，发展到最后，制度就形同虚设了。所以，一定要尽量保证制度的完善程度，并在此基础上，坚决执行制度，将其贯彻到底，使其发挥应有的作用。

3

制度要权威，更要合理

制度，有了"刚性"和"力量"才能树威立信，才能政令畅通、令行禁止；弘扬清风正气，体现公平正义。制度执行贵在自觉，自觉才会自愿，自愿才能自律。落实制度不够好，一定程度上是制度意识淡薄。

制度权威性需要几个基本条件：

（1）对于制度本身的要求

制度本身首先应该是科学的。科学的制度来源于实践，并遵循企业自身的文化发展规律。其次制度应该是简洁的，经过简单学习就能被员工熟练掌握，并可在公司内广为传播、传承的。第三，制定制度的程序应该是合理的，对数字的使用也非常谨慎，要有足够的时间和流程，不能随便加以更改，以此来保证基本的权威性和稳定性。

（2）有奖有惩，慎用奖惩

奖惩是制度非常重要的一方面，是公司价值观导向的重要体现。奖惩是相辅相成的两个方面，缺一不可。有奖必有惩，奖惩要对称，赏罚要分明。只奖励不惩罚就等于纵容犯错，对错误的纵容就是对正确的惩罚。

而只惩罚不奖励，必然使得团队丧失积极性和凝聚力，最终损害到团队的执行力和战斗力，不利于公司的长远发展。奖惩必须在合理的范围内进行，对于奖惩的实施主体，也必须做出明确的要求，谨防滥用奖惩权力的现象，以维护基本制度的权威性。

（3）执行过程中要保证公平

公平是良性竞争的重要前提条件，也是制度得以长期执行的重要保障性条件之一。制度必须在规定范围内体现公平性。公平性首先要求对所有员工要做到公平，一碗水要端平，不要薄此厚彼。

制度权威性的树立需要多方面的条件，牵涉到制定、执行等诸多环节，是一个系统工程。其中制定是前提条件，执行是核心和关键，只有做到，有科学制度可依，执行才能严格进行。

"少数人靠觉悟，多数人靠制度"。现实中，一些浪费现象时有反复，一些铺张行为禁而难绝，除了认识层面的欠缺，还在于制度约束的疏漏。究其根本原因，在于相关规定模糊乏力，惩戒措施温柔缺位。从源头上狠刹浪费奢靡之风，不仅需要道德自律、动员号召，更需要刚性的制度约束、严厉的惩戒机制。

经常出现的问题要从规律上找原因，反复发生的问题要从制度上去想办法，"制度问题不解决，思想作风问题也解决不了"。可见，制度的生命在于实施。不能落到实处的制度规定，只是写在纸上、贴在墙上、挂在嘴上，非但不能产生约束作用和震慑效果，还会减损制度威信、削弱公众信心。应该不折不扣地执行到位，避免刚性约束在落实中弱化，防止惩戒机制在执行中异化。

但是也要注意，如果过分强调企业自主管理权，而忽视企业强烈的逐利欲望和职工的弱势地位，会使企业在对职工的惩戒方面为所欲为。

为了合理地调节企业、劳动者双方之间的利益关系，劳动争议仲裁部门及人民法院应当对企业规章制度的合理性进行必要的审查。

承认不同企业之间的制度存在差异性是把握制度合理性的前提。对企业规章制度合理性的审查标准应严格掌握，不能随意扩大化。只有那些明显不合理或者对劳动者明显不公平的规章制度，才能否认其效力。特别应当强调的是，对规章制度的合理性审查必须遵循"不告不理"的原则。即：劳动者明确对规章制度的合理性提出异议时，仲裁部门和人民法院方可审查制度的合理性；如果劳动者未提出异议，仲裁部门和人民法院不宜主动介入审查。

确实需要审查制度的合理性时，从以下几方面着手：

一是制度是否违背了公序良俗。规章制度即使不与法律、法规相冲突，但是不符合公序良俗的，可以认定其不合理。

二是规章制度所体现的管理理念是否符合社会的普遍认知。比如吸烟这一行为，无论是对本人还是周围的人都会损害身体健康，因此用人单位在工作场所实施禁烟，符合社会的普遍认知。反之，如果烟草企业鼓励本单位职工吸烟，就颠覆了社会的普遍认知。

三是"罪罚"是否失当。惩戒措施的轻重应参考劳动者的工作职责、违反劳动规章制度的情况、程度等因素，不应超过必要的范围。

总之一句话，制度既要保证其权威性，同时亦要保证其合理性，只有两样并重，才可能让其发挥效应。

4

制度的制定要突破习惯性思维

企业有好习惯和坏习惯。好习惯是开启成功的一把钥匙,坏习惯则是向失败敞开的门。在企业经营中,尤其是市场营销中,有时最怕的就是惯性思维,最怕迷失在自己的惯用套路和行业人的惯性招数上。跟着人家的套路走可以成长、照搬人家的做法可以生存,但想快速成长和突破就得创新,就得必须打破惯性思维。

举个现实生活中的例子:

一个化学实验室里,一位实验员正在向一个大玻璃水槽里注水,水流很急,不一会儿就灌得差不多了。于是,那位实验员去关水龙头,可万万没有想到的是水龙头坏了,怎么也关不住。如果再过半分钟,水就会溢出水槽,流到工作台上,如果水流到工作台上的仪器上,便会立即引起爆裂,里面正在起着化学反应的药品,一遇到空气就会燃烧,几秒钟之内就能让整个实验室变成一片火海。

实验员们面对这一可怕情景,惊恐万分,他们知道谁也不可能从这个实验室里逃出去。那位实验员一边堵住水龙头,一边绝望地大声叫喊起来。实验室里一片沉寂,死神正一步一步地向他们靠近。

就在这时,只听"啪"地一声,一位女实验员将手中捣药用的瓷杵猛地砸向玻璃水槽,水槽底部被砸开一个大洞,水直泻而下,众人转危为安。

在后来的表彰大会上,人们问她,在那千钧一发之际,怎么能够想到这样做呢?这位女实验员只是一笑,说道:"当我们在上小学的时候,就已经学过了《司马光砸缸》这篇课文,我只不过是重复地做一遍罢了。"

这个女实验员用了一个最简单的办法来避免了一场灾难。多数人的思维都是想得,想活下去,而不是先想到舍。殊不知,舍弃有时也是一种智慧。舍放前,得放后,最终是小舍小得、大舍大得、不舍不得。其实这个"缸"就可以看作我们的惯性思维,很多时候我们对很多机会视而不见,只因我们被我们的思维束缚住了。这个时候唯有打破,才能放飞我们的思维,进入一个新天地。

在《三国演义》一书中,有一些非常精彩的突破习惯思维的军事行动,如"草船借箭"就是其中一例。按照惯例,偷袭是军事家的常用手段,可是诸葛亮却大张旗鼓、虚张声势地借箭,曹操果然中计,损失了10万支狼牙箭。

"空城计"是诸葛亮另一次突破习惯思维的大胆行动。当魏国都督司马懿兵临西城,看到的情况使他大惑不解。城门大开,老兵们在城外不慌不忙地扫地,诸葛亮在城楼上悠闲地抚琴喝酒。司马懿受习惯性思维所引导,认为城内如果没有伏兵,一生谨慎用兵的诸葛亮是不会如此胆大妄为的。当他的两个儿子劝他派兵入城时,他说:"诸葛亮一生用兵谨慎，城内定有伏兵。"因此毅然决定退兵。

可是诸葛亮也有按照习惯性行动而遭到军事失利的时候，在蜀汉大军第一次北伐时，诸葛亮采取稳扎稳打、步步为营的战术。大将魏延建议用奇兵出子午谷，直接穿捷径攻打洛阳，诸葛亮认为此计太险，没有采用，结果坐失良机。

在物理学领域内，两千多年来人们习惯于按照亚里士多德的理论去思考问题，认为两个重量不等的物体不可能同时落地。可悲的是当年曾亲眼看见伽利略实验的教授们，尽管自己的眼睛就是见证，但仍然按照固有的习惯去思考，照旧认可亚里士多德的理论。

哥白尼提出他的"日心说"，不但触犯了宗教，也触犯了千百万人头脑中的根深蒂固的千古教义。地球怎么可能是圆的呢？要是地球是圆的，那么另一面的人不是要头朝下走路了吗？结果哥白尼以宣扬"邪说"罪被送上宗教法庭，随后被投进了监狱。

从科学发展史上我们发现了一个有趣的事实：即一些半路出家的冒险者闯入了一个徘徊不前的新领域，却往往会给这个科学领域带来新的突破。房地产经纪人恩德斯发现了在试管中培养小儿麻痹症的病毒的简便方法；画家莫尔斯发明了电报；伽利略发现钟摆事实原理时还是个医生，等等。成功的原因大概是他们受旧的习惯性思维影响较小的缘故吧！

习惯性思维能轻松引导我们完成已有知识、已有丰富经验的"按部就班"的工作，这时习惯性思维就成为创造性思维的大敌，所以我们必须努力去突破它的束缚。

习惯性思维称之为惰性思维，因为习惯本身就是惰性的一种呈现。希望一劳永逸地解决所有问题，如曾经用某种模式或思路处理解决过某个问题，当再次遇到类似问题时，想当然地再次使用上一次解决问题的模式与思路，而不是具体问题具体对待，容易忽略类似问题的本质区别，最终发现导致错误结果的原因就在于"类似"这个词语上。类似仅仅是类似而已，因为类似而忽略了区别其内在本质上的不同。

习惯性的思维绝不是一种好的思维方式，所带来的坏处有很多，束缚了思考范围，限制了思想上的创造性。考虑任何事情、任何问题能突破习惯性思维绝对会带来大不同。

5
没有可控的流程就没有可靠的执行

社会崇尚制度，公司领导在部署一项工作时总是说：要从制度着手。哪里的工作出了问题，就总结说：根本原因是制度不健全。有一句话说得好："执行不了或执行不好的制度比没有制度更糟。"可见好制度的重要性。

具有讽刺意味的是，当前有的企业对制度大有"醉翁之意不在酒"之感，制定制度并非在于要认真执行，而更多是为了装点门面和应付检查。

古今中外，自有社会以来，制度便是统治阶级实施统治的重要法宝。"国有国法，家有家规"说明了制度的重要性。然而"徒法不足以自行"，制度本身是不会自己发挥作用的。

制度的有效用源于制度首先必须是好的制度，是与现实社会紧密结合的制度，这就要求制度的制定者要有高尚的素质、善良的目的。更为重要的是一定要充分掌握情况，看到事物的本质，并遵循严格的程序，切不可操之过急。其次，制度的灵魂在于严格执行。

曾有一领导到某村检查党的建设情况,当问及该村党支部书记"五个好"为何时,村支书支支吾吾,回答不上来。过后,才发现"五个好"的制度就贴在刚才自己坐位对面的墙上,他竟然没有发现,可想而知,对这项制度,他就没有执行过。

其实,就制度贵在执行的道理而言,是一个普通工作人员都能懂的,而把这个道理付诸行动,则不是容易的事情。

抓制度的落实和执行,首先必须从领导抓起,因为领导不重视,执行力很难上去。从这个角度上讲,这也是考查领导执行力的情况。

领导执行力"缩水"表现在思想、学习、工作等方方面面,形式多种多样,概括起来主要有以下四种类型。

(1) 无过型执行

这种类型的特点是混日子求平安,不讲作为,敷衍了事。集中表现为:唯热情,不求落实。空有壮志豪情,却无行为之力,说起来惊天动地,做起来毛毛细雨。有的遇到热点、焦点和难点问题束手无策,打不开局面,常做语言上的巨人,行动中的矮子。

按天看在忙,按月看在干,按年看什么也没干成。不思安危,不思进取,工作缺乏闯劲。怕字当头,畏首畏尾,缩手缩脚,不愿得罪人,怕困难,怕惹事,怕诬告,怕担责,遇事避重就轻,碰到问题绕道走,这样何来的执行力。

(2) 主观型执行

这种类型的特点是唯喜好,论心情,不讲实际,随心所欲。集中表现为:唯资历,不讲民主。"家长"作风,自以为是,工作摆老资格,作风不民主,遇事不商量,个人说了算。行为武断,朝令夕改,决策拍脑袋,听不进别人的意见和建议,工作没有连续性,这种表现在领导身上尤显突出。唯喜好,不讲原则。工作因喜好而为,挑三拣四,挑肥拣瘦,自己喜欢的多做，反之少做甚或不做，工作原则性不强。唯心情，不讲责任。工作视心情而定，时好时坏，时松时紧，心情好时，大干特干，心情糟时，消极怠工，出人不出力，工作缺乏事业心和责任感。长此以往，这种行为易滋生自由主义。

（3）机械型执行

这种类型的特点是按惯例、凭经验，不讲创新，照搬照套。集中表现为：唯规定，不结合实际。以上级规定为教条，照本宣科，不顾实情，机械照搬，简单拿来。唯形式，不考虑效果。甘当"传声筒""留声机"。工作有布置没落实，有规划没行动，有开头没结果，有安排没检查，有启动没跟踪，说在嘴上，写在纸上，做在会上。这种执行易滋生形式主义。

（4）利益型执行

这种类型的特点是图名利，重个人，不讲大局，唯利是图。集中表现为：不讲大局，以小团体利益为落脚点，利益主义严重，凡事把单位和部门利益放在第一位，有利益的抢着干，没利益的不推则躲，无视整体的发展大局。

上述这些类型的行为必然让执行效果大打折扣，甚至会出现反面的结果。因此，要想获得良好的执行效果，必然要从源头抓起，即加强制度对执行的掌控。正所谓：问渠那得清如许，为有源头活水来。要保证让流程可控，没有可控的流程就不会有可靠的执行。

6

制度面前要坚持领导和员工平等

在制定和执行制度的时候要始终坚持制度面前人人平等的原则,特别是在执行制度时要一视同仁,谁都要遵守。特别是企业的领导者必须率先执行。如果一个企业仅要求员工遵守制度,领导却凌驾于制度之上,我行我素,这个企业的制度也就形同虚设,不会有什么高效执行力的。

我们时常听到一句被很多人奉为经典的话:"制度是死的,人是活的。"强调执行制度中人的灵活性。可是很多时候灵活的结果就是使制度变了味,甚至践踏了制度,最后是制度随人意,重新回归人治,比没有制度还要糟糕。

如果在制定和执行制度的时候,忽略了公平公正这项基本原则,那么管理制度将一无是处,白纸一张,或者只是摆在桌子上的花瓶而已。

三国时,曹操亲率大军到宛城讨伐张绣。此时麦子已熟,曹操下令:"大小将校,凡过麦田,但有践踏者,皆斩首。"官军皆牵马行走,只有曹操没有下马。此时从麦地里飞起一只斑鸠,曹操的坐骑受惊蹿进麦地,踩倒一片麦子。曹操要按律执行，拿起佩剑往脖子上抹。谋士郭嘉急忙上前阻拦，并为其开脱道："《春秋》上言：法不加于尊。丞相统率大军，岂可自戕？"

曹操说："既然《春秋》上说过了，那我姑且免死。"于是用剑割下一绺头发，算作自我惩罚。

曹操拔剑欲自刎，肯定是做做样子。不过，曹操严于律己，遵章守纪的做法，确实让人称道，也因此，他治下的军队纪律严明。这是曹操雄霸一方的重要资本。

曹操能够不搞特殊化，依照自己立下的的规矩"依法办事"，对维护当时的法律权威发挥了重要的示范作用，不仅对当今的领导者应该如何去处理好身份、地位和法律的关系，成为知法、守法、执法的模范有一定的现实意义，而且对如何提升企业制度执行力也能起到一定的促进作用。

这个历史典故在制度与执行方面可以给我们一些重要的启示：

一是制度面前要人人平等，任何人不能凌驾于制度之上，制度面前不应有不受制约的"特殊人"。其实，任何制度重在执行，因此，制定各种管理制度应尽量做到科学、合理和全面，真正做到以人为本。

在制度执行面前一视同仁，人人都一样，特别是领导者必须模范执行，成为制度执行的楷模。否则，管理制度制定得再好也只不过是一纸空文。比如出现安全和质量事故，不按制度执行，该处理的不处理，或变相处理，不但起不到很好的教育和惩罚作用，而且长此以往还会在制度执行上留下一个永久的"毒瘤"，使制度执行力失去作用，流于形式，起不到约束和激励效果。

曹操应该说是一个制度执行的楷模，如果曹操的"禁令"仅停留在口头上，自己出尔反尔，又如何令行禁止呢？曹操是当时的统帅，拥有百万大军，违反了军纪，竟与士兵一样接受制裁，确实是难能可贵的，曹操用行为诠释了"王子犯法，与庶民同罪"的道理。

二是制度的制定应该具有科学性和可操作性。在制定制度时，尤其是涉及员工切身利益的规章制度时，应多方面考虑，广泛征求员工意见建议，要避免不求实际，避免制定缺乏科学性和不具备操作性的制度，或者出现执行难和执行尴尬的怪现象，致使制度只能挂在墙上，失去执行效果，这样会大大降低制度的严肃性和公信力。

制度执行过程之中，要学会适当变通，这是发现问题和改正问题及不断完善的过程，但必须也有个"度"，由于受事物发展主观和客观条件的限制，凭借经验和知识积累基础上，制定的各种制度，必然有一个实用和完善过程。任何事物是不断发展变化和互相转化的，在实践过程中，不可预见的事情会出现很多新问题。

如何去克服制度本身存在的缺陷，不断适应新时期管理环境发展变化，这就要求领导者能够随机应变，但又应该在不违背科学管理基本原则的情况下适当"变通"。必须掌握好一个"度"，在不违背管理制度的前提下，尽情展示自己的管理艺术才能。比如曹操在自己坐骑践踏麦田时，想到了变通，既保全了自己的脑袋和威信，又迎合了《春秋》"法不加于尊"微言大义，真正达到了目的。

三是在制度执行过程中，考核工作必须跟得上，要避免制度流于形式，起不到应有的监督制约作用。对违规处罚要较真、要落实，要避免避重就轻的处罚，否则不能起到足够的警示、惩戒作用。但在制度制定和执行过程中，领导者要体现"以人为本"和"人性化"，必须掌握好"度"的技巧，"严法"也有"柔情"面。比如"挥泪斩马谡"的故事，一个"挥泪"把诸葛亮斩马谡时的复杂心理描绘得淋漓尽致，而诸葛亮挥泪斩马谑的典故，再一次证实了制度有时不得不需要弹性管理。

因此，制度的制定与执行，要让员工乐于接受，自我约束，自觉执行。如果一项制度在实践工作中严重不符合实际情况时，制定部门就应考虑根据实际情况修改其具体条款内容。对违反制度的人进行处罚时，要做好解释和引导工作，避免对立情绪的产生，妨碍制度正常执行。

关于在制度面前人人平等、公正公平的原则，有一个非常著名的法则叫"火炉法则"。

火炉法则，就是指把火炉烧得红红的，放在那里，它本身并不会主动烫人，但只要有人敢于触摸，它就必烫那人无疑，不会顾及触摸者的身份，人人平等，谁摸烫谁，而且立即处罚，没有下不为例。它的这种特性，具有四种特殊的共性。

（1）及时性

一个红通通的火炉，如果你去触碰它，你马上会被灼伤，而不是摸上去，等一下再感觉到热。违背制度就会马上得到相应的惩处，承担相应的责任，及时性是奖惩的一个重要原则。

（2）平等性

不管你是什么人，一般工人也好，政府官员也好，企业领导也好，触碰了火炉，都会被灼伤，火炉不会因为你是什么人而选择是否灼伤。在制度面前，人人平等，谁违反了制度，都会受到相应的惩戒。

（3）警示性

一个火炉放在那里，熊熊火苗，告诫旁人不能轻易触碰和跨越，自然具有威慑力。制度就是规范，也应具有警示作用，起到事前的约束与预防作用。

（4）必然性

如果你去触碰火炉，你必然会被灼伤，而不会这次碰了会灼伤，下次就不会灼伤。违背制度必然会承担相应的后果，而不会因为时间、地点的改变而改变。

制度面前，一定要做到人人平等。特别是领导干部要带头遵守各种规章制度，做好表率，成为制度执行力的楷模，上行下效。领导带头遵守制度，那么员工就会自觉遵守、自我约束。这样，团队的凝聚力和战斗力自然就会提高，企业也就会持续健康地协调发展。

第三章

制度的生命力在于执行

制度制定出来的目的就是让领导和员工的行为"有法可依""有章可循"。如果"有法不依""有章不循",那么制度就没有存在的价值了。

1

执行偏差的制度必定会消亡

著名史学家钱穆先生说:"制度是一种随时地而适应的,不能推之四海而皆准,正如其不能行之百世而无弊。"我国刚刚废除的收容遣送制度就是一个不适合时代发展,弊端百出,应该废除了的过时的制度。

孙志刚,湖北武汉人,2001年在武汉科技学院艺术设计专业结业。2003年2月24日受聘于广州达奇服装有限公司。

3月17日晚10时许,孙外出上网,途遇天河区黄村街派出所民警检查身份证,因未带身份证,被作为"三无人员"带回派出所。孙的同学成先生闻讯后赶到派出所并出示孙的身份证,当事警官仍拒绝放孙。

3月18日,孙被作为"三无人员"送往收容遣送站。当晚,孙因"身体不适"被转往广州市收容人员救护站。20日凌晨1时多,孙遭同病房的8名被收治人员两度轮番殴打,于当日上午10时20分死亡。救护站死亡证明书上称其死因是"心脏病"。4月18日,中山大学中山医学院法医鉴定中心出具尸检检验鉴定书,结果表明,孙死前72小时曾遭毒打。

4月25日,《南方都市报》以《被收容者孙志刚之死》为题,首次披露了孙志刚惨死事件。次日,全国各大媒体纷纷转载此文,并开始追踪报道。真相逐渐揭露出来。

6月5日上午,孙案开庭。6月9日孙案一审判决:主犯乔××被判死刑,李××被判死缓,钟××被判无期。其他9名被告人也分别被判处3年至15年有期徒刑。同日,孙案涉及的民警、救治站负责人、医生及护士一共6人,因玩忽职守罪,被分别判处2年至3年的有期徒刑。

收容遣送制度的依据是国务院1982年出台的《城市流浪乞讨人员收容遣送办法》,其本质也属救助性质。但是当时的收容遣送对象主要是城市乞讨、流浪人员,收容遣送的目的是解决这些人的吃、住、行等生活问题。随着社会发展,由于行政执法人员队伍素质的欠缺,出现了一些偏颇的问题,扭曲了其社会救助的性质。

扭曲的收容遣送制度违背了法治精神,构成了对个人权利的不尊重和侵犯。新的《城市生活无着的流浪乞讨人员救助管理办法(草案)》体现了对法律原则和精神的遵守,如有针对性地规定了对被救助者不能实行限制其人身自由的措施,不准拘禁或变相拘禁被救助者,不得强制其生产劳动,以及对救助机构、政府、职能部门义务责任的大量规范等等。

要从制度创新、机制创新、体制创新方面,真正把尊重人权这个意识在全社会牢牢地树立起来。制度是历史的选择,顺应历史的制度才会大有活力。制度是有明确历史性的,超越了历史阶段的制度需要变革或者变迁。收容遣送制度的废除,获得了一致好评,被认为是社会进步的一个标志性事件。

人是习惯性的动物,企业由人构成、由人经营,那势必就被人注入了习惯性思维。规范的行为方式锻造了企业的规章制度,思想的价值认可形成了企业的核心文化，同时还有绝大部分操作手法、运作方式、行销手段基本上都是按照套路出牌，按规则办事。

一单位的人事经理是一个50多岁的老太太，她特别会做人。在执行公司各项制度时，从不得罪任何员工。有时候执行的比公司要求的还好。这样的执行能力是绝大多数人无法企及的。

制度的执行一定会给执行者带来一些压力。举个简单的例子，某个职员迟到了，那么按照规定，这个迟到行为必然要受到处罚，而对于被处罚的人来说，对制度执行者态度一般不会是以笑脸相对的。

执行制度不得罪人只存在于自己的幻想中，事实上是不可能的。要么制度执行不彻底，要么得罪人，二者必居其一。只能说尽量不得罪大多数人，和大多数人，表面上看起来关系不错。不得罪和关系不错只是一种工作中的手段，也是做给领导看的业绩，绝不是中层领导追求的目标，否则就落了下乘了。

规矩和制度会限制一个人的自由，人受到限制后，不会有好的心情，只是在平常的生活中，我们把这些不良的情绪压抑下来。如果出现负面影响，那一定是把负面情况宣泄出来了。

人事行政执行者从不得罪人那是绝对不可能的事情。换位思考一下，有时候自己也做不到啊。有时候开除一个人，首先要想为什么开除他，是冤案吗？如果不是冤案，那就理所当然，是他本人自作自受。虽然如此，但也不要幻想，将其开除会得到当事人的理解。

总之，要想看制度是否合适，就看它的实效如何，如果实效好，说明制度好，如果实效不好，那么多半制度有问题。当然，实效好不好，是对大多数人而言的。实效不好的制度，随着弊端的突显，通常用不了多久就会被取消的。

2

遵守制度，不讲如果只讲结果

拒绝任何借口，不仅仅是一种工作的态度，也是一种生活的方式。任何借口都是推卸责任。在责任和借口之间，选择责任还是选择借口，体现了一个人的生活和工作态度。

你在日常生活中，是否常听到这样一些借口：上班晚了，会说"路上堵车"；考试不合格，会说"题目太难"或"题量太大"；做生意赔了有借口；方法落伍了也有借口，任何事做不好总不缺少借口。

其实，在每一个借口的背后，都隐藏着丰富的潜台词，借口让你我暂时逃避了困难和责任，获得了些许的心理安慰。可是，久而久之，就会形成这样一种局面：每个人都努力寻找借口来掩盖自己的过失，推卸自己本应承担的责任。

我们常听到的借口主要有以下几种类型：

（1）我以前从没那么做过，这不是我做事的方式。

（2）他们做决定时根本不听我说，所以这个不应当是我的责任。

（3）这几个星期我很忙，我尽快做。

（4）我们从没想过赶上竞争对手，在许多方面他们都超出我们一大截。

（5）我从没受过适当的培训来干这项工作。

不愿承担责任，拖延，缺乏创新精神，不称职，缺少责任感，悲观等都是借口背后潜藏的东西！

工作中，不少人一旦碰到问题，不是全力以赴去面对，而是千方百计地找出种种理由或借口搪塞、逃脱责任。长此以往，人就会疏于努力，不再想方设法争取成功，而把大量时间和精力放在如何寻找一个合适的借口上。

我们在工作中，总是会遇到困难，我们是知难而进还是为自己寻找逃避的借口呢？答案应该不言自明。

西点军校的莱瑞·杜瑞松上校在第一次赴外地服役的时候，有一天连长派他到营部去，让他完成7件事，包括去见一些人，请示上级一些事，要一些东西（地图和醋酸盐）等。

杜瑞松下定决心把7件任务都完成，虽然他并不知道该怎么去做。果然，事情并不顺利，问题就出在要醋酸盐上。他滔滔不绝地向负责补给的中士说明理由，希望对方能从仅有的存货中拨出一点。

杜瑞松一直缠着对方，到最后不知道是被杜瑞松说服了，相信醋酸盐确实有重要的用途，还是再没有其他办法摆脱杜瑞松了，中士终于给了他一些醋酸盐。杜瑞松回去向连长复命的时候，连长并没有多说话，但是他显然感到有些意外，因为要在短时间里完成7件任务确实非常不容易。即使杜瑞松不能完成任务，也是可以找到借口的。但是杜瑞松根本就没有想到去找借口，他心里根本就没有这个念头。

事实上，你做不好一件事情，完不成一项任务，有成千上万个借口在那儿响应你、声援你、支持你。借口就是一块敷衍别人、原谅自己的挡箭牌。有多少人把宝贵的时间和精力放在了如何寻找一个合适的借口上，而忘记了自己的职责和责任啊。

寻找借口的实质，就是把属于自己的过失掩饰掉，把自己应该承担的责任转嫁给他人。这样的人，在企业中不会成为称职的员工，也不是企业可以期待和信任的员工；在社会上也不可能成为大家可信赖和尊重的人。

有一次刚下班，公司的一位高层领导提着重重的东西往公司外走。这位领导已经快六十了，拎着东西走起来颇为吃力，走走停停。当时有不少人都看到了，但是很多员工可能担心自己上去帮领导拎包会被同事当作是拍领导的马屁。当时很多人可能有这样的顾忌，没有一个人上去帮这位上了年纪的领导拎一下包。直到快走出办公楼，有一个年轻人看到，主动上前帮领导拎包，一直送到外面车上。

大家知道这件事情之后，都似真似假地取笑他拍领导的马屁。那个年轻人感到很委屈，他说就算那个人不是领导，那么大年纪，拎那么多东西，帮拎一下也是人之常情。为什么自己帮他拎包，大家就这么多冷嘲热讽。大家都看到他是领导，可谁看到他也是一位老人呢？

很多人在标榜自己的清高，与溜须拍马之流划清界限的时候，是否也认真考虑一下：自己是不是有点过于清高，连最基本的人之常情都忽视了呢？

小刘是某家生产型企业营销部门的一员，虽然工作时间不长，欠缺经验和阅历，但却具备了优秀员工的潜质。

小刘工作中有一个特点，那就是当部门主管交代她一项工作时，不管难度有多大，决不在做之前为自己寻找任何借口，或是推脱交给别人执行。一次上级主管给她安排了一项工作任务：协同采购部门人员，到郑州为展厅模特购买配套的服饰、装饰性用品。小刘得到工作指示后，毫不犹豫地随同公司采购部门人员前往郑州开展工作。

小刘去郑州之前，因为深知安排她协同采购的目的是为了风格的把关，所以，到达郑州后，小刘东奔西走，穿梭于各大服饰广场之间。尽管忙碌了一天，腿酸背痛，饥肠辘辘，但仍因采购工作的繁琐及货比三家，直至晚上市场纷纷关门时，还有两项采购任务未完成。

其实，一整天下来，一同而来的采购人员早已疲倦不堪，当晚即驱车返回了。返回前，采购人员要求小刘一同返回。但小刘认为，工作还未执行完毕，因此，临时决定多停留一天，继续比较和选择，并就自己的决定同部门主管通了电话。次日，通过近一天的奔波，小刘完成了工作任务，并如期赶上了布展公司的布置。

实事求是地说，这对大多数人而言，并不是一件复杂的工作，甚至还很简单。但问题的关键在于透过这件事情的背后，我们能看到什么？

安东尼·罗宾曾说过一句话：如果一个人去做他不喜欢做的工作，他都能全力以赴，一旦有机会让他做喜欢做的工作，他将情愿把命都搭上去！从事例中小刘的身上，我们不难看到这一点。

试想一下，假如团队中多了几个像小刘这样的员工，执行力又怎么会提升不上去呢？

企业需要的也正是想法简单、单纯并在接到指令后能立即投入行动的员工。执行不是靠你一言我一语堆积起来的，而是靠你一行他一举证明和积累出来的。

作为团队中的一员，当接到指派的任务时，不妨少提几个理由，少找几个完不成的借口，甚至可以什么都不用讲，先用心地去做，在执行中实现完美。

3

制度人性化，执行无情化

"人性化管理"和"执行力"是现代企业管理中常见到的两个名词。怎样才能做到管理的人性化，同时又使企业拥有强有力的执行力呢？可能有人会觉得"人性化"和执行力有着天生的对抗性，既想使员工尽量发挥主观能动性，又想使员工坚决支持企业的决定，如何能做到呢？

一些中小企业，制度不可说不全，规定也都面面俱到，但执行起来却不是如此，领导者不以身作则，领导者的亲戚不以身作则，曾经有功劳的员工无视制度，有能力的员工无视制度。到头来，制度放在那儿，只是废纸一张，反过来问员工，员工还都是一肚子意见，认为制度不合理。这样，如何能产生高效执行力呢？

让我们先来看看，什么是"制度的人性化"。通常，它有下面几个特征：

（1）制度要有区别。没有一种制度放之四海而皆准，制度要以激发员工的工作动力为标准。比如，对于研发人员，最重要的可能是他们的创造性和解决问题的能力，他们没有真正的8小时工作制，灵感也并不是一定在上班时间产生。对于销售人员,重要的是最后的签单,更为重要的是这个结果必须与他个人息息相关,才会对他有最大的激励。而对于行政管理人员,就是要处理公司日常的工作琐事,上下班时间、上班时的形象可能都比较重要。经济学上说,生产关系要适应生产力,才能促进社会发展,而在一个公司里,只有不同的人性化的制度才能使每个部门都充分发挥他们的作用,促进公司的发展。

(2)人性化的管理不等于放纵的管理。好的制度也不等于宽松的制度。《三国演义》里刘备入蜀后,诸葛亮立刻把原来松散的制度归于严格。法正问诸葛亮:昔高祖(刘邦)入关,与民约法三章,以宽而得人心,丞相为何反其道而行之呢?诸葛亮十分清楚:原来蜀中治理过于宽大,反而放纵了那些触犯制度的坏人,而使好人受害,所以要加强法制。企业同样如此,如果做的好的没有奖励,做的不好的没有惩罚,似乎很"仁慈",一视同仁,但对企业却是莫大的伤害。

(3)领导一定要对每个部门的工作流程和内容有很透彻的了解,才能制定出"人性化"的制度。一销售公司规定,一个电话业务员一天必须打100个电话,和客户做最初步的接触。说实话,这种最初步的接触,需要的是"量",每打出一个电话,就多一个机会。而这个机会不单是公司的机会,也是电话业务员本人的机会,多打一个电话,可能月末就多一笔提成。试想如果没有规定,按业务员的喜好,每天爱打多少电话就打多少,似乎"人性化"了,但人都是有惰性的,这样不但公司业绩要下滑,个人的利益也不会得到保障。这就会出现制度宽松,员工反而不领情的现象。

有了"人性化"的制度,只是第一步,紧接着面对的就是执行。制度可以而且应该人性化,但执行却不应该人性化。如果我们把企业的竞争看作两军交战,战场上"闻鼓而进,闻金而退"。这是军法,在战场上高于一切。想想看，如果说一万人的军队的战斗力是 10000 的话，战鼓擂动，其中有一个士兵不向前冲，是不是战斗力就变成了 9999 了呢？不是的，因为一个后退的士兵可能带动他身边的 10 个士兵后退，10 个士兵后退又会带动他们身边的 100 个士兵后退，这就是为什么有"兵败如山倒"的现象。军法无情，不服军法的后果是斩首，这是不能人性化的。所以在制度的执行上需要"无情"，才有好的执行力。

制度需要"人性化"，执行却不需要"人性化"。那么，怎么样才能使"人性化"的管理"无情"地执行呢。

（1）制度要在许可的范围下尽量透明，使各部门的员工都明白自己部门的制度，如果他愿意，也可以适当了解别的部门工作的性质和制度。这样才不会出现每个人都认为自己部门制度苛刻，而别的部门宽松的误解。

（2）主管领导要和下属充分沟通，了解他们的愿望，也帮他们分析愿望的合理性。这样才能使员工真正明白本部门制度，进而真心遵循制度。

（3）制度一定不能因人而异。不管你是什么身份，你原来有过什么功劳，你有多强的能力。在制度面前一律平等，否则，制度就是一纸空文。

一个企业是一个有机的组织，组织不同于个人，必须有制度，好制度可以让组织里每一颗螺丝钉有机会发挥作用。而制度被不打折扣地执行，这才是一个能够所向披靡的企业。

因为迟到一分钟，错过了公司的大巴车。人还没有到公司，领导的电话就打了过来，幸好不是太急的事。员工们对公司大巴又爱又恨。爱的是，它让自己上班变得轻松，免去了挤公交的辛苦。恨的是，大巴司机非常不愿意在停靠点多停一分钟。时不时会有员工晚到一分钟的情况，会要求司机等一等，结果司机非常不耐烦。很多次，有的人离大巴只有十米之遥，却只能看着车远去。这一点，让员工们深恶痛绝。

司机有司机的难处，公司规定他什么时间到公司，迟到他要承担责任。从制度上讲，司机不多等一分钟，到点开车是对的。

人性化管理首先是制度的人性化，领导在制定制度的时候一定要考虑到制度是否能够有效地执行，如果制度完全没有人性，肯定是没有办法执行的。如教育从严，处罚从轻，处罚不是目的，只是一种手段。

人性化管理这个概念只能在制度制定之前使用，一旦制度制定了，执行就要"无情化"，否则就会纪律涣散。严格地执行制度与人性化管理并不冲突。

4
制度建设在执行中逐渐趋向合理完善

制度建设是制定制度、执行制度并在实践中不断检验和完善制度的过程。制度的制定和制度的执行相辅相成、不可偏废：不制定制度，执行就没有依据；没有执行力，制定的制度就没有生命力，就失去了存在价值。可以说，工作的成效取决于制度的制定，更取决于制度的执行。

战国时，商鞅准备在秦国变法，唯恐老百姓不信，于是命人在都城的南城门前，放了一根三丈长的木柱，并到处张贴告示："谁能把南城门前那根木头搬到北城门，官府就赏他五十金。"

老百姓看到告示后议论纷纷。大家怀疑这是骗人的举动，但一个年轻力壮、膀大腰圆的小伙子说："让我试试看吧！我去把城门那木头搬走，要是官府赏钱，就说明他们还讲信用，往后咱们就听他们的；如果不赏，就说明他们是愚弄百姓。他们往后说得再好，我们也不信他们那一套了。"说罢来到南城门前把那根木头搬到了北城门。

商鞅听到这一消息，马上命人赏给那人五十金。那位壮汉看到自己果真得到了五十金，不禁开怀大笑，一边炫耀那五十金，一边对围观的老百姓说："看来官府还是讲信用的啊！"这事一传十，十传百，不久就传遍了整个秦国，商鞅这才下令变法。

　　执行好制度是制度建设的根本着眼点。离开了执行，再好的制度也没有意义。那么，如何才能让制度"深入人心"呢？

　　首先，要广泛宣传，深入学习制度，使人们了解制度、崇尚制度、遵守制度，增强制度意识，把制度转化为行为准则、自觉行动。其次，切实解决人们反映强烈的突出问题，提高执行制度的透明度和公信力，营造以遵守制度为荣、以违反制度为耻的浓厚氛围。再次，以求真务实的作风狠抓制度的执行，敢于碰硬，勇于较真。

　　春秋时，楚国国君楚灵王于公元前531年在城地、蔡地、不羹筑城，并打算派弃疾做蔡公。为此，楚王向申无宇征求意见："你看让弃疾去蔡地怎么样？"

　　申无宇说："选择儿子没有像父亲那样合适的，选择臣子没有像国君那样合适的。郑庄公在栎地筑城西安置了子元，使昭公不能立为国君。齐桓公在谷地筑城而安置了管仲，到现在齐国还得到利益。臣听说，五种大人物不在边境，五种小人物不在朝廷；亲近的人不在外边，寄居的人不在里边。现在弃疾在外边，郑丹在里边，君王恐怕要稍加戒备才好。"

　　楚王说："国都有高大的城墙，怎么样？"

　　申无宇回答说："在郑国的京地、栎地杀了曼伯，在宋国的萧地、亳地杀了子游，在齐国的渠丘杀了无知，在卫国的蒲地、戚地赶走了献公。如果这样看来，就有害于国都。树枝大了一定折断，尾巴大了就不能摇动，这是君王所知道的。"

这是成语《尾大不掉》的故事。这个故事意在告诉人们，领导在执行力强的下属面前，应该如何选择，这是一个很大的问题。提升制度的执行力，关键在领导。对于领导机关和领导干部来说，提升制度执行力也有一个"两手抓"的问题：一手抓制度执行的组织领导，强化执行制度情况的监督检查，健全执行制度成效的责任制和问责制，确保制度行得通、管得住、用得好；一手抓领导干部表率作用的发挥，树立法律面前人人平等、制度面前没有特权、制度约束没有例外的意识，坚持高标准严要求，一级抓一级，一级带一级，务求各项制度落到实处、取得实效。

据《史记·循吏列传》记载：

春秋时期晋国有一位典狱长官名叫李离，一向秉公不阿，执法如山。有一次，他在审阅过去的案件时，发现一起错判死刑的冤案，感到惶愧不已，立刻脱下官袍绶印，让卫兵把自己捆绑起来，送到晋文公的大殿前，请求判处死罪。

晋文公见了，慌忙下座为他松绑，说："官职既然有贵有贱，处罚也当有轻有重，再说这件案子是下面官吏弄错的，并不是你的罪责。"

李离长跪不起，说："臣下占据的官职是最大，从来也不让给下属一点权；享受的俸禄最多，也从没有分给下属一点利。今天我有了过错，难道就可以推给下属了吗？请判处我死刑吧！"

晋文公听了，不高兴地说："照你这么讲，下属犯罪，上司有责，难道连寡人也有罪了吗？"

李离回答："典狱订有反坐之法，判错刑者便当服刑，杀错人就要被杀。大王因为我能够体察民情，听微决疑，而任命我为典狱长官，如今却经臣下之手造成了冤杀案，我罪该处死！"说罢，他猛地站起，朝卫兵手执的宝剑扑去，顿时鲜血迸溅，死于堂前。

制度的生命在于执行，执行离不开责任担当。问责既要对事，也要对人，要把责任具体到组织和个人。责任到人，问责才有前提；职责清晰，问责才有依据。在细枝末节中完善配套措施，在抓严抓实中扩大震慑效应，推动形成"人人有责、人人尽责"的生动局面。执行制度最终靠人，离开了领导干部的以身作则、自觉担当，再好的制度也不过是"稻草人"。

任何制度都无法做到尽善尽美，总有或多或少的缺陷。对于这些不足，需要在执行的过程中，逐步修正，这就是制度建设。

5

不合理的制度对执行的负面影响

规章制度的制定合法有效,缘何仍纠纷不断?有的是企业执行上有瑕疵,还有的是因为制度条款设置太笼统,企业往往能作有利于本方的解释。

今年50岁的老周在一家装潢公司做电工,自2013年进入企业以来,他一直勤勤恳恳,任劳任怨,还评上过先进。但他万万不曾想到,现在竟会因为"不服从领导安排"而被解雇。

原来,公司为一名即将前来任职的项目经理安排了新的公寓,工程部主管安排老周去公寓检修一下电路,于是老周前去检修。出发之前,主管关照他,顺便把房间内的窗帘卸下来清洗一下。虽然卸窗帘并不是老周的本职工作,但他还是答应了下来。

那天,下着滂沱大雨,老周工作后,拎着工具箱从公寓返回公司时,已经是下午4点半了。他全身淋湿,还来不及换身衣服休息一下,就接到主管的电话,让他立即返回公寓,再把窗帘挂起来。

对于这个要求，疲惫至极的老周实在是无力承担。"我冒着大雨才赶回来，当时为什么不说呢？现在我有点累，而且5点半要下班了，一来一去可能过了下班时间了。"可主管还是坚持要他立刻前往。"屋子不是还没有住人吗？我明天一早再去装吧，应该不会有什么影响的。"老周最终还是没有去。

第二天一早，老周来到公司，还没来得及前去装窗帘，就接到通知，称公司经过讨论决定解雇他，理由是"因个人主观因素未服从公司安排，没有完成领导交代的工作，在同事间造成恶劣影响，违反了公司的规章制度"。老周当即就懵了。

公司人力资源部经理表示，他们解雇老周，是按公司规章制度上的相关条款来办的，完全合法。他们认为，老周那天未去安装窗帘，属于不服从安排，已经产生了恶劣的影响，所以才做出解雇的决定。

对此，老周说道："我觉得根本没有产生什么恶劣的影响，怎么算得上违纪，更何况是严重违纪！"老周觉得自己并非怕苦怕累，只是装窗帘原本就不是自己的本职工作，而且他提出过第二天再去装的，如果第二天他不去，或许就是他的错了。现在说他不服从安排是冤枉他。

老周决定通过仲裁来维护自己的权益。公司方面经过调解也提出，只要他认识到自己的错误，还可以回来继续工作。可这次轮到老周不乐意了："他们这么对待员工，我怎么还有信心继续留在那里上班呢？"

有这样一个故事：

在一家企业做业务员的李小姐因为年轻气盛和上司争辩了几句，就遭单位开除。因为工作流程中的一个单子没有填，主管将她批评了一顿。李小姐当时争辩了几句："别人前几天不也没填吗？为什么偏偏批评我？"结果主管说，公司就是这样规定的，领导怎么说员工就该照做。李小姐听了更加不服，说："那你是不是说错了，我也要听？"此话一出，主管也被激怒了，丢下一句："你想做就做，不想做就走人。"第二天，李小姐照常上班。开晨会的时候却被告知，公司以"顶撞上级领导，违反公司规定"为由，将她解雇了。

公司的人事主管认为：企业能发展到现在，就是依靠严格的执行力，如果公司里每个人都像李小姐一样，领导说一句，她顶一句，那以后还怎么管理员工？如果仅有奖励，没有处罚，那么规定都是形同虚设的，对员工没有任何约束力，那规章制度就等于一纸空文。所以做出开除李小姐的决定是正确的。

这里也涉及了员工违反公司规章制度的问题。难道公司的规章制度就是一把可以任意"宰割"员工的"宝剑"？显现这是不合适宜的。

用人单位制定直接涉及劳动者切身利益的规章制度，都必须经过民主程序，且向劳动者公示。内容不合法，或未经民主程序制定或未经公示的规章制度对劳动者不具有约束力。但是，在实践中用人单位往往利用其优势地位，制定的规章制度虽然内容不违法且符合形式要求，但是在合理性上存在较大问题。旷工一天开除、厂区吸烟开除、员工下班接受翻包检查、顶撞上司解除合同、上厕所不得超过五分钟等等。这些规定都不具备合理性。

所幸的是，如果法律部门认定劳动者的相应行为的情节不够严重，尚不足以被解除合同的，尽管依据用人单位的规章制度规定可以解除劳动者合同，也会被认定为用人单位解除劳动合同违法，用人单位要承担相应的法律后果。因此，用人单位在制定规章制度时，内容上必须合法、合理、合情；程序上应民主、公开、公示；在利用规章制度处罚劳动者时不得小题大做、轻违重罚,更不能随意处罚,滥用处罚权。

那么,究竟什么样的规章制度是合理的,应该遵照哪些原则?可以参照以下两个方面的要求:

首先,规章制度内容不得违反诚实信用的原则。用人单位规章制度应做到双方对等公平,不存在特权之事、特权之人,并符合公共秩序和善良风俗的基本原则。

其次,规章制度的内容应当符合社会的普遍认知。有些用人单位制订的规章制度条款,本身并不符合常人的一般认识,被认为不近情理。应该本着符合当今社会大多数人的普遍认知为标准。

第四章

执行制度的首要因素是人才

对外来说,企业的竞争就是人才的竞争;对内来说,企业的管理,要以人为本。制度的制定离不开人,制度的执行更离不开人,人才是制度执行的核心要素。

1

人才的热情是执行的重要条件

人才是最宝贵的,是最有决定意义的资本。一个企业的成败,关键在于人才。只有能合理利用人才,才能给企业带来几倍甚至十几倍的利润。

正因为人才的宝贵,所以才会出现各大企业为争夺人才、培养人才花费大量金钱的现象。现代社会对人才的最广泛、最通俗的定义就是某些领域具有一定才能的人。

热情是衡量人才的重要标准。因为热情的人会影响他人的情绪,让别人也变得热情、乐观。热情的人还会促成一种士气高涨、斗志昂扬的工作环境。松下幸之助说:"缺乏热情的人是最没有价值的,不论才能、知识丰富。如果缺乏热情,那就如同画在墙上的饼,丝毫没有功用。"

有一位已失去传道热情的牧师,夜里做了一个梦,梦到自己被带到天堂,接受他一生为上帝工作的赏赐。

一开始有个天使送来一个华丽灿烂的冠冕,上面镶满了珍珠宝玉,旁边的天主说:"拿错了,这是20年前为他预备的,那时候他拼命为信仰作见证,可惜不一会工夫,他就冷淡退却了,所以要换一个次等的冠冕。"

不一会工夫,换来一个次等的冠冕,虽然没有头一个那么华丽,他还是觉得不错。然而天主又说:"你们还是拿错了,这是10年前为他预备的,世上的欲望和引诱迷住了他,使他成了一个不冷不热的人,再去换一个吧。"

于是再换来一个,上面一粒珠宝都没有,毫无光彩。

这时牧师惊醒过来,原来是南柯一梦,从那时候起,他勤奋传道,立志要讨上帝的欢喜,成了最热情的传道之人。

一个人最可怕的破产,就是失去热情。回顾过往的岁月,想想现实的光景,趁着还存活于世,我们应该再接再厉,让心中的理想和抱负仍然炽热如火。

小李是个业务员,她的工作是为公司招揽顾主。顾主中有一家是经营药品生意的。每次她到这家店里去的时候,总要先跟柜台的营业员热情寒暄几句,然后才去见店主。

有一天,她到这家商店去,店主突然告诉她今后不用再来了,因为他不想再买她所在公司的产品了。小李只好离开商店。

小李开着车子在镇上转了很久,始终想不明白,最后决定再回到店里,把情况说说清楚。走进店里的时候,小李照常和柜台上的营业员打过招呼,然后到里面去见店主。令她意外的是,店主见到她很高兴,笑着欢迎她回来,并且从她这里订了比平常多一倍的货。

小李十分惊讶,不明白自己离开店后发生了什么事。店主指着柜台上一个卖饮料的男孩说:"你该谢谢他,在你离开店铺以后,卖饮料的男孩走过来告诉我，说你是到店里来的推销员中唯一会同他热情打招呼的人。"

店主接着说："他告诉我，如果有什么人值得做生意的话，就应该是你。我同意他的看法。"

从此，这家店主成了小李最好的主顾。事后，小李激动地说："我永远不会忘记热情关心每一个人。"

热情是我们必须具备的特质。一个人的品味和修养，应该是在与别人相处的过程中表现出来的。在与人相处中，如果你想要受到别人的欢迎，首先应该做的就是要热情地去关心别人、重视别人。关心别人、重视别人，你就要具备高尚的情操和磊落的胸怀。你诚挚的心灵，会使对方在情感上感到温暖愉悦，在精神上得到充实和满足。

有七个人曾经住在一起，每天分一大桶粥。要命的是，粥，每天都是不够的。一开始，他们抓阄决定谁来分粥，每天轮一个。于是乎每周下来，他们只有一天是饱的，就是自己分粥的那一天。

后来他们开始推选出一个道德高尚的人出来分粥。强权就会产生腐败，大家开始挖空心思去讨好他、贿赂他，搞得整个小团体乌烟瘴气。

然后大家开始组成三人的分粥委员会及四人的评选委员会，但他们常常互相攻击，扯皮下来，等粥吃到嘴里时已经是凉的了。

最后他们想出来一个方法：轮流分粥，但分粥的人要等其他人都挑完后拿剩下的最后一碗。为了不让自己吃到最少的，每人都尽量分得平均，就算不平均，也只能认了。这样，大家快快乐乐，和和气气，日子越过越好。

同样是七个人，不同的分配制度，就会有不同的风气。一个企业如果有不好的工作习气，一定是机制问题，一定是没有完全公平公正公开，没有严格的奖勤罚懒。

不公正就无法激发起工作热情，而没有工作热情就不可能工作高效。所以，一定要设法调动起人的积极性和工作热情，只有这样，才会让执行高效。

2

执行人才的选择和培养

在英雄辈出的三国时期,刘备的个人才能和出身并不出众,可为什么三国最优秀的人才,比如军师诸葛亮,大将张飞、关羽、赵云等都投奔了刘备,甘愿听他指挥调遣。

原因之一就是刘备懂得人才的选择和任用。简单来说,刘备在选择和任用人才方面,做到了下面四点:

（1）攻心为上。刘备深知自己的帮手是百姓、是部属,于是,他总强调自己的使命是"光复汉室"。在最艰难的时候不忍丢下跟随自己的百姓,总以亲民的姿态带队伍,这样就获得了"人心"。可见,在选择执行人才上,要"攻心为上"。

（2）将心比心。刘备知道自己能力不足,要想成就大事,一定要借助外力。所以,他到处寻找有才干的人才,结交有能力的英雄。他知道要想使三结义的承诺能够得以持续,就要将心比心。他与关羽、张飞吃睡都在一起,获得了关羽和张飞对他的赤胆忠心。

（3）信守承诺。刘、关、张三结义让刘备如虎添翼,实力大增。在与关羽、张飞的交往中,刘备信守承诺,言出必行,从不做诓骗兄弟二人的事,由此获得了关羽和张飞的信任。

(4)礼贤下士。刘备请出诸葛亮已经成为千古佳话。所有的人都知道人才很重要,但是在怎样获得人才的道路上,刘备"三顾茅庐"给我们做出了一个执行的好榜样。尊重人才、礼贤下士往往会让人才感到自身被需要的满足感,会由此生出士为知己者死的豪情,因此也就不遗余力地帮助对方做事。

人才与性格、心胸、知识、素质,甚至民族、种族都没有必然的联系,在他们身上,只有一点是共同的,那就是对自己深深的责任感。也就是说,世界上所有的优秀人才有一个共同点:就是对自己负责任。这个结果意味着,如果你想得到一个有执行才能的人,那么首要的就是"看他是不是对自己真正负责"。

综上所述可知,有责任感的人同时也往往是执行能力强的人。通常情况下,聪明人大多不是执行型人才,因为聪明,他们总是在找捷径,把很多时间花在找捷径上,很少把一件事情做到底。另一方面,聪明人往往在社会上受宠,所以一旦碰到困难或反对,就不会像执着的人那样坚持,而是选择逃避。

另外,追求完美的人、思考过度的人往往不是执行型人才。追求完美的人往往把事越做越复杂,最后的结果是放弃。思考过度的人不屑于行动,他们一生都在思考如何爬山,但就是不爬山。

企业间的竞争归根到底是人才的竞争,人才是企业的第一资源,哪个企业吸收并聚集了优秀人才,就获得了竞争的主动权,就会在激烈的科技和经济竞争中立于不败之地。

人才是企业的宝贵财富,各级领导必须爱惜人才,绝不能嫉贤妒能。即使领导自身是一个非凡的人才,如果手下没有几个才华卓越的干将和一大批各类骨干，也是很难成就大业的。

既有爱才之心，自有求才之渴。从群体看，人才难得。既是人才，必有出众之处，自然是不可多得。不多的人才又是淹没在广大的人群之中，这就需要领导孜孜以求才能得到。

关键人才是一个团队的核心和代表，是团队的灵魂和骨干。公司不论大小，不管是何种所有制结构，都必须拥有这样一批核心员工。在市场经济条件下，企业之间的竞争最终也将是关键人才的竞争，核心人才的数量和质量，决定着公司的核心竞争力，决定着公司的生存和发展。

用才不容易，容才就更难。人才有所长，也必有所短，而且往往是优点越突出，其缺点也较突出。恃才自傲是人才的通病。大才者通常不拘小节，异才者甚至还有怪脾癖习，人才与人才之间还常常有各种矛盾。

领导应有举荐人才的美德。一个岗位不适合的人才是一个不安定因素，即使他本人顺从，没有表现出怀才不遇的情绪，但"事不平，有人鸣"。人们会自觉或不自觉地将人才与领导作对比，降低领导的威信。

要拥有人才就要有培养人才的机制，海尔、联想、华为、蒙牛这些顶尖企业都是人才辈出。为什么是它们呢？是因为它们的制度吗？制度每个公司都有，为什么别的公司没有成功？是因为它们领导的杰出才能吗？一个领导者有很多工作，能用多少时间培养人才，又能培养出多少人才？其实，这些杰出的领导者无不是创造出一种极佳的企业环境，营造出一种良性的企业氛围，这种环境和氛围孕育出企业的人才。

如果领导不独具慧眼，人才虽然在眼前，也会错过。识才须看本质。要察言观行，尤其是现行，这是识别人才本质的根本方法。要善于识别不同类型的人才。人各有才，只不过是才能有大小之分、方向之别。

每一个员工都是一座宝藏。只有领导先意识到员工是宝藏，接下来才可能从开发的角度去对待员工。因为通常情况下，人们是不会开发垃圾堆的。用什么方法来开发"人"这座宝藏呢？可以通过制度去管人，也可以用权威去压人，但每个领导更要思考的是如何让人材变成人才，人才变为人财。

3

培养员工遵守制度的习惯

无论是国家、企业,还是家庭,都要有统一的制度去管理人们的行为。比如交通法规范了行人和车辆的出行,表面上是约束了人们的行动自由,可实际上却是人们安全出行的保障。所以,制度是团队管理的法宝,是团队的灵魂,是取得成功的基石。而执行则是推动企业发展的直接力量,是促进企业腾飞的助推器。一个单位没有制度,将成为无本之木、一盘散沙;制度得不到执行,将成为空头支票、一纸空文。与此同时,制度是发展变化的,一成不变的制度不能适应企业快速发展的脚步,只有发展的、不断完善的制度,才能适应发展,起到积极促进的作用。制度约束员工,员工也可以对本单位的制度提出合理化建议,互相促进,不断完善。

很多团队之所以出现制度与执行脱钩的现象,通常有下列几方面原因:

(1)团队没有明确的任务指标。企业给团队下达的任务指标不够明确,再加上沟通层面的问题,任务下达到员工层面的时候,可能就跟企业高级管理层的意愿有些不对应。这会让员工们感到很茫然,就只能靠着惯性和自己的理解去做事情,这样员工的工作重点就和公司脱节。所以,执行过程中,沟通工作很重要。

(2)任务完成奖励不明确。大多数企业都会对员工有激励措施,不过有些企业在制定激励政策的时候却做错了一点,那就是把激励措施制定得太过复杂,员工把任务完成后,能够得到多少奖励也很难计算,这就让激励政策的效果没那么好了,间接影响到执行力。

(3)不知道工作要具体怎么做。很多企业招聘新员工入职后,要么没有经过培训就直接上岗,要么就是培训没有针对性与实操性。如有的公司给员工做执行力培训,培训完之后,员工虽然激情满满的,但是工作要具体怎么做却还是心里没底。这就必然影响到执行力了。

(4)工作任务执行不顺利。有的员工在做一件事情的时候,需要其他部门的配合,例如需要客服部门的沟通,需要财务部门的数据,需要技术部门的支持,但是如果这些部门因为一些原因没有配合好,或者是每个需要配合的部门都耽误一些时间的话,等到最后事情做好以后,恐怕也晚了不少时间了。这也要影响到执行的结果。

那么,制度制定好了,如何提升员工的执行力呢?可考虑从以下几个方面来进行:

(1)用绩效考核约束员工。要对现有团队成员进行绩效访谈,了解目前员工倦怠、团队松散的原因,为团队制定整体目标,继而制定每个人的分解目标,对于完成时间、完成进度、最后要达成的结果要做到提前与员工达成共识。同时要考虑团队中小团体的问题,是老人带新人,还是给新人锻炼机会,要看团队内部氛围,具体情况具体分析。

(2)从团队整体氛围进行调整。当团队缺乏完善的制度,效率低下时,团队的整体氛围就会松散、懈怠、充满负能量,这个时候需要调整团队的整体氛围。要做到关键节点的监控与及时指导。如果是外部原因，就从公司整体入手分析，是否公司上下都是这样的情况。如果是内部原因，就要系统地了解员工的具体情况，以便对症下药。

（3）利用新人的鲶鱼效应。当团队整体都散漫、倦怠时，为了工作效率和成绩，领导可以考虑招进一些新人来，利用新人新鲜、好学、向上的鲶鱼效应。

一个好的制度，需要员工去遵守、去执行，才能实现它的作用。因此，一定要设法让员工自觉、主动去遵守。最好培养员工养成遵守制度的习惯，这样才有可能让执行效力最大化。

4
领导在遵守制度提升执行力中的作用

"领多少钱的薪水,干多少钱的活",是时下很多员工的心态,也是一部分企业管理层对企业执行力现状的认识。当企业执行效率不高的时候,领导者认为主要是薪酬水平的不恰当引起的,其实,这是一个误区。

在薪酬问题上,一般来说只要第一次的薪金和薪资调整在同样盈利能力的公司中处于一种有竞争力的水平上,员工就会感到心满意足。

到一个公司,员工不光是关心自己的钱包能不能鼓起来,更关心自己的价值能不能达到最大化。因此,在进入企业时,员工们一般都怀有一系列非常相似的愿望,有的员工渴望得到与工作相关的培训,有的希望得到与职业发展相关的帮助和支持,有的渴望得到重视,渴望得到鼓励,等等。

对于这些诉求,领导者一定要引起高度重视,一定不要仅仅只把执行力不高的因素归结为员工对待遇低的反映。

拖延症几乎曾经发生在每个人的身上,它对执行力的破坏是显而易见。可是它并没有引起足够的、应有的注意,特别是领导者的注意。

这是很危险的。实际上，想要提升执行力，是一定要学会如何治疗拖延症的，不要等到火烧眉毛了，才知道去处理一件事情。

拖延症状归纳可以为以下五点：

（1）面对事情无从下手时，有目标、有方法，可缺乏步骤！（犹豫型）

（2）在做事的过程中缺乏思考，缺乏技巧，因此总是结果不好，经常后悔。（冲动型）

（3）定下目标，就是做不到，缺乏执行力或者坚持精神，光说不练。（懒惰型）

（4）没有目标，没有激情，不知道该往哪去，混一天是一天。（迷茫型）

（5）有目标，有计划，但总是被他人影响，最后总是偏离自己的目标，甚至做了完全相反的结果。（无主见型）

克服拖延症，提升执行力要做到以下几点：

（1）制定有效方法。很多人行动力不足，部分原因是在已有目标和方向的前提下，没有掌握正确的方法，导致办事效率低下，手头事物的序列混乱、复杂、思路不清晰，因此对于事务的进行非常不顺利，渐渐变成拖延。这属于执行过程中缺乏有效的方法，导致进度缓慢低下。

（2）保持逻辑顺序。在排列事件方面，需要按照严密的逻辑顺序一步步来，比如要解决某个问题，第一步并不是去立刻提出解决方案，而是尽可能地先收集各类信息，进行综合的分析处理，才能找到解决方法。

（3）学会拒绝。工作中不必马上回复的信息和被人要求帮助常常都会影响效率，引起拖延。拒绝别人是一个高效能人士应该具备的基本能力，而这个能力却是大多数人都不具备的。

（4）有目标做事。想要在工作中更加顺利地完成任务，首先目标要合理。目标不合理的情况下，即使将大目标分解成小目标，在完成小目标时也会备受压力。如此容易导致对长远目标丧失信心。最佳状态应该是每完成一个小目标还有余力，这样可以产生一种得胜者的快感。

作为领导，一定要找出导致团队执行力不高的原因，不能想当然，要精准定位，然后对症下药，才能有效消除不良因素，将执行力切实提高上来。

第五章

有效沟通是实现有效执行的前提

执行离不开沟通,沟通的效果直接影响着执行的效果。要想让执行高效,就要讲究沟通的方法、方式、技巧。

1

高效的执行从沟通开始

《吕氏春秋》记载了眼见为虚的一个故事：

孔子周游列国，因兵荒马乱，旅途困顿，大家已七日没吃到一粒米了。

一天，颜回好不容易要到了一些米煮饭，饭快煮熟时，孔子看到颜回掀起锅盖，抓些米往嘴里塞，孔子当时装作没看见，也不去责问。

饭煮好后，颜回请孔子进食，孔子假装若有所思地说："我刚才梦到祖先来找我，我想把干净还没人吃过的米，先拿来祭祖先吧！"

颜回顿时慌张起来说："不可以的，这锅饭我已先吃一口了，不可以祭祖先了。"

孔子问："是怎么回事？"

颜回涨红脸，嗫嗫地说："刚才在煮饭时，不小心掉了些柴灰在锅里，有灰的米丢了太可惜，我只好抓起来吃了。"

孔子听了，恍然大悟，对自己最初的想法感到非常愧疚，同时他也庆幸自己及时与对方沟通，才没有让误会继续加大。他对其他弟子说："我平常对颜回最信任，但还会怀疑他，可见要了解一个人，还真是不容易啊！"

所谓知人难，相知相惜更难。逢事必从上下、左右、前后各个角度来认识辨知，我们主观的了解观察，只是真相的千分之一。

当你要对一个人或一件事下一个结论的时候，多想一下你所看到的是事实还是事情的一方面？大多数的人通常有个坏习惯，那就是在还不了解对方情况下，就试图给对方下评语了。

孔子都会对自己最信任的弟子起疑心，平凡的我们是不是因为自己的"亲眼所见、亲耳所闻"而对他人产生了某种不良印象呢？有多少人，因为自己的"亲眼所见""亲而所闻"，对某事或某人做出结论。他们甚至到死都不知道，其实是自己"看错了""听错了"。

再来讲一个《通天塔》的故事：

传说人类的先祖讲的是同一种语言，他们在底格里斯河和幼发拉底河之间找到了一块水草肥美的肥沃的土地，然后在那里定居下来，建造起了繁华的巴比伦城。他们的日子越过越好。他们为自己的业绩感到骄傲，于是决定在巴比伦修一座通天的高塔，来铭刻自己的成就和威名。

因为大家语言相通，沟通便捷，能够同心协力，通天塔修建的非常顺利，很快就高耸入云。天帝得知此事，立即下凡视察。天帝一看，又惊又怒，因为他不会让凡人达到自己的高度。他心想，人类讲一样的语言高效地进行沟通，就能建立起这样的巨塔，日后还有什么办不成的事情呢？

于是，天帝决定让人世间的语言发生错乱，使人类言语不通。人类各自讲起不同的语言，感情无法交流，思想很难统一，最终导致沟通不畅。就难免出现互相猜疑，各执己见，争吵斗殴。这就是人类之间误解的开始。修造工程因语言纷争导致沟通不畅而停止，人类的巨大力量消失了，因此多少年过后，通天塔也没有建成。

这个故事告诉我们：沟通的力量无比巨大，如果我们想要做好一件事，一定要懂得沟通，善于沟通。在执行的问题上，沟通也起着十分重要的作用。

绝大多数问题都是由于沟通不畅造成的。因此，对企业来讲，不仅要让员工清楚地知道目标任务，还要保证员工对实施路径、方向正确理解，确保在执行的每一个环节都积极沟通。

或许有人觉得奇怪，员工有必要参与决策沟通吗？如果没有及时的沟通，很可能后果会很严重。

一位教授在精心准备一个国际重要会议上的演讲。全家人都为教授的这一次露脸而激动，为此，他的老婆专门为他选购了一身西装。晚饭时，他的老婆问他西装是否合身，教授说上身很好，裤腿长了那么两公分，不过影响不大。

晚上教授早早就睡了，教授的妈妈却睡不着，琢磨着儿子这么重要的演讲，西裤长了怎么能行。人老了也睡不着，她就翻身下床，把西装的裤腿剪掉两公分，再缝好烫平，然后安心地去睡了。早上五点半，教授的老婆睡醒了，她想起老公西裤的事，心想时间还来得及，便拿来西裤剪掉两公分，缝好烫平，然后高兴地去做早餐了。一会，女儿也早早起床了，见早餐还没有做好，想起爸爸西裤的事情，寻思自己也能为爸爸做点事情了，便拿来西裤，将裤腿剪短两公分，缝好烫平。等教授穿上这条裤子准备前往会议现场演讲时，突然发现自己的新裤子短太多了。

故事中的主人公们因为沟通不到位，闹出了一场笑话。

一次会议上，一位同事在绩效反馈中，向领导提出了这样一个疑问："有些工作布置后，也没有再管，我做好了反馈给上面，却没有得到回应，这样我就不知道我的工作有没有价值？"这番话让领导很震惊。领导用人不疑，大胆放手，没想到员工的反应被忽视了。可见，有时候看似不经意的沟通，却对员工起着很大的激励作用。

在执行过程中保持对目标的持续沟通：一方面是了解困难及时解决，保证执行顺利；另一方面，通过沟通给员工激励，或者至少让员工了解到自己正在开展的工作的价值。当然，执行中的"过问"不宜过于频繁，那样会让员工有不被信任感，也束缚了员工的发挥。可以在布置工作时自己设定几个工作节点，在这个节点上主动沟通。比如有的员工总延迟交活，就有必要在截止时间前提醒几次；有的员工在形成计划思路上比较慢，那么就需要在工作起步阶段多些关注。

沟通是我们日常生活中最平常、最普通的事，但往往也是最容易忽略，最不被重视的事情。在执行的过程中有很多需要沟通的环节，也许就是因为一次沟通的不到位，导致了执行的失败。所以，不妨在制定执行计划的时候也做个沟通的计划，每天提醒自己：今天的工作沟通了吗？

2
沟通在制度与执行中所起的作用

之前,英国牛奶公司的工人送到订户门口的牛奶,奶瓶口既没盖子也不封口,因此,山雀与知更鸟这两种在英国常见的鸟,每天都可以轻松地喝到漂浮在奶瓶上层的奶油。

后来,牛奶公司把奶瓶口用铝箔封装起来,借以阻止早起的鸟儿偷奶喝。没想到,大约在20年后的1950年,英国所有的山雀都学会把奶瓶的铝箔啄开,继续喝它们喜爱的奶油。然而,知更鸟却一直没学到这套啄功,它们自然也就没奶可喝了。

为什么这两种鸟会有这种差别呢?山雀是群居的动物,常常迁徙换巢,当有某只山雀发明了新的啄法,啄破奶瓶喝到奶时,别的山雀也会透过它们群居的特性,沟通学习到新的技能。

知更鸟则是有领域习性的独居动物,它们各自据巢为王,相互间的沟通常常仅止于排斥来犯之鸟,就算偶尔有知更鸟发现奶瓶的封口可以啄破,其他的知更鸟也无从学得。

这就是有无有效沟通在执行过程和执行结果中的巨大差别。

提高企业的增长速度,关键是加强执行力,而增强执行力的关键要素是提高沟通力。

事实证明,卓越的执行力从沟通开始。而且,只有通过自上而下的合力才能让企业执行更顺畅。

沟通在管理过程中,作用是多方面的,它有以下几个方面:

(1)沟通能使决策更加科学、合理。在管理过程中,经常有或大或小的各种决策需要定夺或确定方向,需要通过行之有效的沟通获取大量的信息情报来提升判断力,进行决策。

(2)沟通能使各个层面协调有效、目的明确地开展工作。在日常工作中,工作进程、领导指示、工作目标、工作方法、工作要求等因素只有通过沟通达成共识,才能使工作不折不扣地完成,才能真正提高工作效率。

(3)沟通有利于发现自身的"弱点"。发现别人弱点似乎比发现自己的缺点简单得多,这种弊病成为我们停滞不前的绊脚石。要虚心听取别人的观点、意见,总结、反思自己,使自己时刻保持清醒的头脑,永往直前追求卓越。

(4)沟通使人换位思考、反向思维,增强团队的凝聚力。由于站的高度不同、角度不同导致对事物的看法认识也不尽相同。充分有效的沟通可以使领导和员工建立良好的人际关系,让许多问题迎刃而解,团队的执行力也就加强了。

(5)沟通有利于形成良好的氛围,并让组织具有核心竞争力。沟通顺畅,会减少很多麻烦和误会,有利于加强彼此的联系和关系,有利于良好氛围和凝聚力的形成。

作为一名员工,首先要保质保量地完成领导交办的任务,对于上级领导下达的工作任务，要正确理解，并严格、高效执行。因此在领导安排自己工作的时候，要认真地听，仔细地思考，准确地理解，如果不明白就应马上提出来，直到弄懂为止，只有明白了正确的意图，那么做起来才不至于有偏差，否则就很容易南辕北辙，跑得快，错得多。

同时，要积极、主动、及时与领导沟通。很多工作，往往都是单方面的接受为主，很少与上级沟通，即使有也是被动沟通，没有掌握主动性，没能及时将自己的想法和建议向领导表达，致使错失了一些机会。因此，在工作中，一定要勤思考、多观察、多提问，积极主动地向领导汇报工作，反映实际情况和工作困难。

其次，要加强与下级的高效沟通，保证命令的畅通和高效执行。几乎所有的矛盾都是由于沟通不畅而产生的，如果沟通不好的话，就无法进行有效的执行，员工容易产生消极的心理，会严重削弱团队的战斗力，也就谈不上决胜目标了！

在沟通方式上，多采用因人而异、见招拆招的方法，创造有利条件让员工发挥自身的优势，提高归属感，增强满意度，从而逐步形成一个和谐、高效的执行团队。同时，将非正式沟通的作用发挥到极致，利用工作间隙、进餐时间等与员工进行沟通，及时了解他们的需要和心理动态，通过这些途径来获得更多信息，以便改进个人工作的方式方法。只要确定目标，正确高效沟通，实现资源共享，互相帮助，共同提高，就一定能实现自己的工作目标。

要注意的是，在表达自己的意见时，要诚恳谦虚。过分显露自己，以先知者自居的话，即使有好的意见，也不容易为人所接受，会使人产生反感和戒备心理。另外，讲话时要力求简明扼要，用简单明了的词句表明自己的意思，语调要婉转，态度也要从容不迫，等等。

3

借助沟通推动执行的有效方法

世界上没有两片完全相同的树叶。由于每个人的个性、文化背景、工作经历、社会地位、所处环境的不同,导致了人们不同的个性与沟通风格。

语言沟通是人们借助于口头语言和说明文字所进行的信息交流。口头语言沟通包括交谈、报告、演讲、谈判、电话联络,这种形式灵活生动、反馈迅速。书面文字沟通包括通知、报告、文件、备忘录、会谈纪要、协议等。

非语言沟通是借助于人的目光、表情、动作、姿势等肢体语言所进行的信息沟通。语言往往只起到了方向性和规定性的作用,而非语言才准确地表达了信息的真正内涵。非语言行为在人际沟通中不但起到支持、修饰或否定语言行为的作用,而且可以直接替代语言行为,反映出语言难以表达的思想情感。

非语言主要包括下列要素:

(1)副语言。副语言是指说话音调的高低、节奏的快慢、语气的轻重,它们往往蕴含着语言表达信息的真正含义，因而与语言之间的关系非常密切。副语言尤其能表现一个人的情绪状态和态度，影响人们对信息的理解以及交流双方的相互评价。

（2）表情。表情是人类在进化过程中不断丰富和发展起来的一种交流手段。表情能够传递个人的情绪状态或态度，喜、怒、哀、乐、愁等心理状态都能在面部表情中得到淋漓尽致的展示。比如销售人员在与顾客沟通时，决不能对着天空高谈阔论，或者对着地下埋头苦讲，一定要注意对方的表情及其变化，及时做出反应和调整。

（3）目光。目光是非语言沟通的一个重要通道。在人际沟通中，关于对方的许多信息特别是非语言信息，需要通过眼睛去搜集和接收，同时目光也是一种非语言信号，向他人传递着自己的态度、情感等信息。在人际沟通中，要善于使用目光传递自己想要传达的信息，如用目光来表明赞赏，用目光来表示困惑。

（4）体姿。人们对待他人的态度在一定程度上是通过体姿表现出来的。虽然体姿不能完全表达个人的特定情绪，但它能反映一个人的紧张或放松程度。当某人对交流对象感到拘谨和恐惧、敌意或不满时，往往会体姿僵硬、肌肉绷紧。在这种情况下，往往使交流双方都感到不自在，人际沟通达不到预期的效果，因此与人沟通时要处理好自己的体姿。

在人际沟通中，人们往往将几种非语言行为组合起来伴随着语言行为共同完成信息交流任务，以求快速、有效地达到人际沟通的目的。

有一个单位招聘业务员，由于待遇很好，所以很多人面试。经理为了考验大家就出了一个题目：让他们用一天的时间将梳子推销给和尚。很多人都说这不可能，和尚是没有头发的，怎么可能向他们推销？于是很多人就放弃了这个机会。但是有三个人愿意试试。第三天，他们回来了。

第一个人卖了一把梳子，他对经理说："我看到一个小和尚，头上生了很多虱子，很痒，在那里用手抓。我就跟他说用梳子抓更舒服，这样我卖出了一把。"

第二个人卖了10把梳子。他对经理说："我找到庙里的主持，对他说如果上山礼佛的人的头发被山风吹乱了，就表示对佛不尊敬，是一种罪过，假如在每个佛像前摆一把梳子，游客来了梳完头再拜佛就更好！这样我卖了10把梳子。"

而第三个人卖了3000把梳子！他对经理说："我到了最大的寺庙里，直接跟方丈讲，你想不想增加收入？方丈说想。我就告诉他，在寺庙最繁华的地方贴上标语，捐钱有礼物拿。什么礼物呢，一把功德梳。使用功德梳有个特点，一定要在人多的地方梳头，这样就能梳去晦气梳来运气。很多人捐钱后拿了梳子梳头。这样我卖出了3000把。"

这个小故事说明：在沟通时，我们要找到对方的需求并给予解决，这样就能达成自己的期望。

沟通在执行中起着至关重要的作用，毫不夸张地说，没有一个良好的沟通，就不会有一个高效的执行。如果沟通顺畅、到位，必然有利于执行的落实和推进。

4
倡导不同形式的沟通方式

在工作中，为了愉快、高效地工作，必须有一个良好的沟通方式。你自己是属于哪一种沟通类型的人，你的领导更喜欢用什么方式和你沟通？或者说，你选择的沟通方式是不是正好是你的领导乐于接受的方式？沟通方式的选择直接影响了沟通的结果。

按照沟通时所采用的媒介物不同，可以将沟通方式分为口头沟通、书面沟通、非语言沟通和电子沟通。口头沟通是以口语为媒介的信息传递，包括面对面讨论、开会和演讲等。书面沟通是以文字为媒介的信息传递，包括备忘录、信件、报告、计算机文件和其他书面文件。非语言沟通是指非口头、非书面形式的沟通，包括动作、表情等，比如十字路口的红绿灯、谈话的语调和手势等。电子沟通是以电子通讯工具为媒介进行的沟通，如电报、电话、电子邮件等。

根据沟通是否出现信息反馈，可以把沟通分为双向沟通和单向沟通。双向沟通是指信息交流的双方相互传递信息，直至双方共同理解为止的沟通，如座谈会、协商、对话等。单向沟通是指信息传递的方向只有一个，没有或不需要反馈的沟通，如下命令、做指示、播出消息等。

沟通又可分为正式沟通与非正式沟通。正式沟通指按既定程序传递信息的过程。按照沟通的方向，它又分为下行沟通、上行沟通和平行沟通三种具体形式。下行沟通是指从上至下发出的信息；上行沟通是指下级向上级发出的信息；平行沟通则是同级之间发出的信息。

非正式沟通是指除正式渠道之外的人际沟通。这种非正式沟通一般基于满足个人生理、心理或社会需要，如互助、表达感情或影响他人等，它以情感沟通为主，具有直接性、细微性和灵活性等特点。正式沟通渠道之外的其他渠道的沟通基本上都可以归入这个范畴。

非正式沟通往往能满足群体成员的社会需要，弥补正式沟通的不足。但是，当正式沟通渠道严重受阻，非正式沟通管道急剧膨胀时，其负面效应就难以避免。所以说，领导者应实行开明政策，让正式沟通管道"货畅其流"，同时疏导非正式沟通管道，使那些惑众的小道消息失去市场。

不同类型的企业，文化风格不同，在沟通交流的方式上，也会有所变化。根据不同类型，可以将企业沟通方式概括为以下四种：开诚布公式、先斩后奏式、含情脉脉式以及"指桑骂槐"式。

（1）开诚布公式。这种方式要求员工有什么想法或意见能进行及时直接的沟通。应以解决问题为导向，直接把问题放到桌面上来谈，并将自己对该问题的看法、理解以及自己所认为的合适的解决方法和盘托出，在征求领导的意见后，再去执行以解决问题。

员工通过这样一种方式与领导进行交流，可以表现出自己对问题的把握尺度和分析判断能力，同时又能在问题解决之前征求到领导对此问题的意见，这样既体现出自己的工作能力和团队协作精神，又能表达出对领导的尊重，可谓一举两得。

（2）先斩后奏式。员工在发现问题以后，由于主客观原因的影响使得他们并不是先向领导汇报，而是自己直接将问题解决掉，然后把分析问题的方法、具体的解决方案、实施的过程等做一个详细的汇报总结上交给公司领导。员工能独立自主地把问题解决掉，获得一个满意的结果，这些对于以结果为导向的企业和领导来说是很受欢迎的。

（3）含情脉脉式。很多时候，员工可能任劳任怨、辛辛苦苦地做了很多的事情，但他认为自己的工作也许领导并没有注意到。这种时候，如果员工赤裸裸地向领导提出要求，可能反而适得其反。如能采取含情脉脉的方式，通过交流一些工作上的问题来含蓄地表达出自己的个人要求，也许就能更容易获得领导的认同和赞赏。

（4）指桑骂槐式。指桑骂槐原来的意思是骂人的一种绝招，它既能一针见血又具有双重含义，往往让人一下难于识破，叫对方防不胜防。在职场沟通中，是指员工通过对一些经典事例或生活中比较典型的事情进行一些评介，得出自己的评判标准，借以暗示自己对公司某件事情的个人看法，或暗示自己的一些要求。

沟通方式要适应不同沟通层次的需要。根据沟通双方信息交流的深度，沟通一般分为信息、情感和行为三个层次。信息层次是沟通的最基本层次，在这个层次上，沟通双方完成了信息传递和信息反馈的任务，使信息得以交流。情感层次是指在信息交流中，伴随着情感体验，双方相互吸引或排斥。行为层次是沟通的最高层次，是沟通双方的行为互动，是沟通的最终目的。

美国通用电气公司前任总裁杰克·韦尔奇说过，管理就是沟通、沟通再沟通。

领导要牢记"沟通是企业生存的灵魂"的观念，使一切交流与沟通都能够在公开、透明、自由的气氛中充分展开，要把沟通放在企业发展的战略高度来认识，提高领导的沟通技能和意识，为优化组织沟通创造积极的条件。

　　现代信息一体化的社会里，人与人之间的沟通日益频繁，面对现实中的沟通问题，要积极转变沟通态度，采取恰当的沟通方式，掌握多样化的沟通技巧来提升沟通艺术，从而最大限度地提高沟通质量，营造良好的人际关系和广阔的发展空间。

5

如何切实有效地提高沟通能力

从某个角度上看,沟通是指可理解的信息或思想在两人或两人以上的人群中的传递或交换的过程。从定义上看,沟通的目的就是传递或交换信息、思想。一个拥有好的沟通技能的人,一定可以达到准确传递信息或思想的目的。

从管理学上沟通的定义中就会发现,定义沟通是从事物本身的角度出发的,但是在实际操作中,很不实用。比如:有一天,你在街上看见一个让你心动的女生,你很想认识她。如果从管理学定义中传递信息的方法,你上去就说:你长得很漂亮,我想认识你。你完成了沟通的目的,把信息准确无误地传递出去了,但是你的直接会让你被拒绝的概率大增。因此,这种死板的只为单纯传递信息或思想的沟通不是很实用。

沟通是一本技术,也是一门艺术。一个拥有好的沟通技能的人,可以通过沟通达到自身的目的。比如说:现在说粉红色的桃花,如果你注意力足够集中,你的脑海里会闪过粉红色桃花的图像。这样通过沟通将你代入一种意境。这种意境可以逐渐转化成一种情感体验,并深深地印在你的脑子里。

在沟通中，非语言沟通比语言沟通更重要。非语言沟通传递的信息量要比语言沟通多得多。

另外，在沟通中思想更为重要。在传递思想的时候，如果和被传递者的思想相冲突，由于人的本能反应，双方的自身防御机制会提高，会自然而然地抵触对方的思想。当出现这种情况时，他们往往通过非语言沟通表现出来。比如他们争辩时声音会很大，有时会很愤怒，但是他们自己不觉得。

语言沟通能够将被沟通者带入催眠状态。是如何将他们带入这种状态的呢？先是通过暗示的方法，使人闭眼，再使人放松。当人与人交流的时候，很多时候由于人的自我防御机制，是很难放松下来的。如果要使人放松，首先要有一个让人轻松的环境，同时让别人信任你。其次，要让别人觉得自己安全，尤其是心理上的安全，以至于愿意放下自身的防御。最后，还要有让人轻松的话题，通过让人轻松的话题，使人放松下来。人的注意力是有选择的，他们自然而然将注意力集中到他们喜欢的事物上面。通过谈论双方感兴趣的话题，会将目的转移，然后使被沟通者更容易放松。

在语言沟通中，让被沟通者放下防御，让他放松也同样关键。除了在谈论的话题上下工夫以外，还需要在非语言沟通下工夫。首先是表情，你是否记得你曾经见过的别人的演讲？在你回忆的时候，注意演讲者从上讲台到开始演讲的那一小段时间的每一个细节。这一小段时间决定了你对演讲者的大部分评价。

在这段时间里，你仔细回忆那些演讲精彩的人，他们在这段时间的面部表情。其次再回忆一下那些演讲糟糕的人，他们绝大部分过度紧张，面部表情很严肃。在这两类演讲者的对比中，你会发现微笑对人产生的影响，这种影响会让听众对演讲者产生正面的回应。原因在于微笑表明演讲者对被沟通者没有敌意，使人更容易放松。其次微笑是一种亲和力，是善意的释放，容易让人放下防御。最后微笑容易获得首因效应。在见面的一开始就微笑，容易给人留下好的第一印象。人的记忆就是这种程序，最开始记的东西最难忘。

在与人沟通的时候，不要抖腿，不要用手抠这儿摸那儿，这会让人觉得你很浮躁。另外，不要盯着对方看。随便找个人试试，你盯着一个人的眼睛，然后一动不动，表情僵硬。在这个时候，大多数人就觉得不自在，开始会很不自然地笑，然后你不笑，你继续保持这样，他就不笑了！他会有些不高兴。这种直接盯着别人眼睛的做法不礼貌。所以，不要盯着对方看。

企业要建立有效的制度与环境，鼓励员工间的直接沟通。企业的许多创新并不是少数几个人苦想的结果，而是人际之间沟通的产物。要怎样学习沟通呢？只有持之以恒地练习。就像打球一样，刚开始会觉得笨手笨脚，通过不断练习，直到熟练为止。

每天坚持做下面这些练习，就会培养和提高你的沟通能力。

（1）保持你和沟通者每天有5分钟深入的对话，强过每周2小时肤浅的对话。

（2）用笔记本大略记下你想和他人沟通的想法，好让对方更了解你。记录你每天生活中随时涌现的感觉、意见和对话。当你和对方聊天时，就照着你的记录一路谈下去。

（3）提问题并继续关心事情的进展。可以把问题简略记在笔记本里，比如记"你今天要做什么事？""最后的效果是什么样？"等，带着问题去和别人沟通，会学到很多解决实际问题的方法。

6

领导与员工的沟通技巧

三国时代,曹操统率百万大军准备攻打吴国。当时吴国分为主战、主和两派。诸葛亮为了说服孙权和刘备联手抗曹,来到东吴,企图增加主战派的声势。

这时,吴国的主战论者鲁肃对诸葛亮说:"为了促使孙权下决心打仗,希望你能把曹操的实力说得弱一点。"

可是,当孙权向诸葛亮询问曹操兵力时,诸葛亮却说:"据说曹操有一百万的精锐兵力,可是实际上并不止这个数字。所以,在这个时候,求和是比较明智的。"孙权很惊讶地问道:"那为什么兵力比吴国还弱的刘备,敢和曹操打仗呢?"

诸葛亮说:"我的主公为了要复兴大汉皇室,所以必须和曹操一战。所谓正义之战,兵力乃是次要的问题。为了吴国的安全着想,我劝你还是谋和。"

听了孔明这番话,孙权也立志要和曹操决一胜负。于是蜀吴合力抗曹,终于打胜了赤壁之战,在历史上写下辉煌的一页。

诸葛亮知道孙权是一位英雄人物，如果把敌方的兵力说弱了，他不会因此参加战争，敌人的强大，反而更容易激起他的斗志。简单地说，就是因人而选择适宜的说词。如果不管对方是谁，都用同一种方法去说服，就很难顺利达成目标。

领导者要实现与员工面对面的交谈和心灵之间的沟通，最终达到说服、教育、引导和帮助人的目的，不仅要有较高的政治理论素养，还需要掌握比较高超的人际沟通艺术。

做员工的思想政治工作，领导者首先要明白一点，即相互之间虽有职位高低、权力大小、角色主动与被动等差别，但在人格上则是平等的。因此不能居高临下，要放下"官架子"，以平等的朋友式、同志式关系相待。若是动辄以"不信咱走着瞧""是你说了算还是我说了算""你看着办吧"等口气处理问题，势必适得其反。

每个员工都渴望得到同事特别是领导的关心、理解和帮助，因此，作为领导应注意观察员工的言行、举止和工作方面的微小变化或波动，在发现员工的反常表现后，能主动创造机会，让他们把自己的担心、忧虑和烦恼倾诉出来，这样问题就解决了一大半。再加上一些分析和引导，并设身处地为他们出主意、想办法，就会使其备感组织的温暖，放下思想包袱，积极投入到工作中。当然，表达对下属、同事的关心，应当是真诚的、负责的，虚情假意、做做样子不行，不负责任更是有害。

每个员工都会有缺点、有失误，领导在日常工作中要经常注意发掘员工工作中的成绩和优点，加以肯定和表扬。在表扬与激励的推动下，员工会产生把事情做得更好的动力。由此可见，善于发现每个员工的"闪光点"，并及时在适当场合给予表扬和赞誉，是直接同一线员工打交道的基层领导干部应当很好地掌握的一种工作方法。

俗话说得好,"要想公道,打个颠倒"。员工犯了错误,他们往往也都有自己"正当"的想法和理由。善于换位思考,指出对方想法合乎情理的一面,并指出对方错误的地方,既体现出对他人的尊重,又可避免两种观点的正面冲突和尖锐对立。当然,设身处地和换位思考,并不等于迁就错误,而是为了体察事情的发生、发展过程,找准问题的原因和对方的动机,以便于更有针对性地分析、引导。

领导者应该认识沟通在管理中的重要性和必要性,而且要掌握与员工沟通的一些技巧,以保证每次沟通都是有效的。因为再好的想法、再有建设性的意见、再完善的计划,离开了有效的沟通都是无法实现的空中楼阁。

沟通的主要目的在于信息互递。如果信息没有被传递到每一位员工,或者员工没有正确地理解领导的意图,那么沟通就是无效的。那么,领导如何才能与员工进行有效的沟通呢?

首先,沟通中最容易出现的问题是员工误解领导的意图。为了避免这种问题的发生,领导可以及时让员工对沟通意见做出反馈。每一位员工的年龄、性格、教育和文化背景都不同,这就可能会使他们对同一问题持有不同的观点。另外,由于岗位设置的具体化,不同的员工都有不同的职责范围。领导要注意到这种差别,对每个人都采用最适合的沟通方式。

沟通不是一个人的演讲,它是一种双向互动的行为。要使沟通有效,双方就都应当积极投入交流。所以,当领导发表完自己的见解时,也应当认真地倾听员工的意见。

其次,在态度上抛开自己的领导身份,做到与员工以心换心、以诚相待,语气上温和亲切。避免用领导者的腔调给员工带来压迫感。

领导要将主要问题用精练的语言表述出来,尽量不要一次性就将问题全部用完，可以先提一些主要的问题。领导的问题要有一定的延展性，避免那些员工会应付的问题。在沟通中，领导可以暂时避开要谈的内容，寻找共同话题，先谈一些对方感兴趣的事情，边谈边观察对方的反应、分析他的心理活动。通过对方随身携带的物品、口音等，适时巧妙地引入正题，尤其是在和下属谈论负面问题的时候，含蓄而委婉的表达、间接而温和的叙述，体现的是一位领导的亲和力和感召力，总是会强过直截了当的命令和批评。

最后，在实际工作中，并不是所有的命令都能得到良好的执行。在实际工作中，许多领导本人都没有弄清楚命令的必要性。当员工发现自己是在执行没有意义的命令的时候，会对领导的管理能力产生怀疑，甚至对领导本人产生反感情绪。因此，不要轻易地给下属下命令。

另外，不要超越自己的权限下命令。一方面，不要对他人的下属下达命令。每个员工都有自己的直接上级。另一方面，不要对部门职责以外的事情下命令。每个部门都有自己的工作职责，你不应该命令自己的下属去做属于其他部门职责的事情。

在下命令时，领导有必要向下属全面地介绍相关工作的情况，这样有助于员工把握全局，发挥主观能动性。但领导必须抓住问题的要点，向下属讲明他所要做的以及这样做的目的。

7

员工如何面对领导的责问

每个人在工作中总免不了要遭到领导的责问,这对任何一个人来说都是一件比较烦心的事情,即使领导责问的对,也难免会感觉不舒服。如果责问错了,更是满腹委屈。对于领导的责问,员工做出的反应也是多种多样,有的会当即为自己分辩,有的则默默无语表示接受,有的则记恨在心,甚至还有人会当面与领导大吵大闹。到底我们如何面对他人的责问和误会?

作为一个聪明的员工,应该如何去对待领导的责问呢?面对领导的责问,正面的思维方式应该是以平常心去面对。具体来说,要把握好以下几点:

第一,认真对待领导的责问。你要知道,没有哪个领导会无缘无故去责问员工,更不会将责问、训斥别人当成自己的乐趣。领导在提出责问时都是比较谨慎的,没有人愿意无故地与员工翻脸。领导责问你,一定是有一些原因的,或对或错,都表明他对某些和你有关的工作不满意。因此,你应该认真对待,首先抱着自责和检讨的心理去接受责问。

在面对责问时，一种正面的思维方式应该是：尽可能地保持谦逊的姿势、虚心的表情，同时眼神不可随意飘动，要表现出对领导责问的专注，不要让他以为你心不在焉或是不甚服气。

第二，受到责问后不要过多去解释。受到领导责问时，反复解释、纠缠、争辩是没有必要的。一名合格的员工，在遇到领导的责问时，领导看到的只有结果，他没必要听你去解释是如何导致那样的结果。

第三，不要不服气甚至满腹牢骚。领导最愿意看到的是员工很愿意听他"教训"。如果在领导责问后，你表现出不服气，甚至发牢骚的话，那么就会在对方心里留下恶劣的印象，会使双方更加疏远，甚至关系恶化。即使领导只是一次简单的训斥，你也应该去认真对待，虚心接受领导的责问，从而让它成为让你走进领导视线，受其关注的一次契机。

第四，不要进行当面顶撞。有时候员工在公开场合受到领导的责问，特别是较为严厉的责问时，自己难免会觉得难堪，下不了台，尤其是当员工觉得领导的指责没有道理的时候。在周围同事众目睽睽之下，可能会为了自己的面子，失去冷静，反驳领导的责问甚至当面顶撞、争吵。此举带来的只能是领导的震怒和加倍斥责，最终受损最大的还是你自己。

俗话说"忍一时风平浪静，退一步海阔天空"，你就权当领导的一顿责骂是一场暴风雨，风暴过后自会平息，何不审时度势，以平常心待之。

第五，不要把责问放在心里。经常看到这样的员工，遭受领导的责问后，就像霜打的茄子一样，满脸悲观的情绪，久久不能平复自己的低落心情。领导责问你的本意也是出于一种爱护、提携的心理，是想通过责备让你意识到错误，避免下次再犯。如果受到一两次责问你就一蹶不振，打不起精神，这样才会让领导看不起你，今后他可能也就不会再信任和提拔你了。

英国学者利斯特曾说过："我能想象到的人的最高尚行为，除了传播真理外，就是公开放弃错误。"是的，错误并不可怕，责问也不可怕，关键在于你怎样去认识它们、对待它们。从错误中吸取教训，从责问中汲取营养，并积极去改正，这样，你就会逐步走向成熟，走向成功，这也正是领导责问你的用意所在。

每个人都有上级，每个人都可能是一个被领导者。你尊重领导，不仅仅可能由此受到领导的夸奖，更重要的是代表了你做人的成功，是你心理成熟的标志。这一点十分重要，会让你得到更多的成功机会。

尊重领导，是尊重上下级关系的规则，说明了自己的基本素质和涵养。任何一个领导，到这个职位上，必有某些过人之处。他们丰富的工作经验和待人处世方略，都是值得学习借鉴的，应该尊重他们精彩的过去和骄人的业绩。但每一个领导都不是完美的，领导时有失误，在某些方面可能还不如你，千万不要因此而有居高临下之感滋生傲气，那样只会给工作增加阻力。要让领导心悦诚服地接纳你的观点，应在尊重的氛围里，有礼有节有分寸地磨合。不过，在提出质疑和意见前，一定要拿出详细的、足以说服对方的计划。

尊重他人并不意味着贬低自己，即使你的能力再大，也是员工。尊重领导实际上是尊重领导的职位，否则，就会本末倒置，影响了部门的工作，这种情况下，要想使执行高效几乎是不可能的事。只有给予领导必要的尊重，才能让彼此的关系和谐，也才能让领导真心欣赏你，从而为你执行的顺畅和高效创造充分条件。

第六章

严格的监督是执行落地的关键

自动自发是最好、最有效的执行力,但是在还没有形成自动自发之前,监督是必不可少的。监督对执行起到保驾护航的作用。

1

没有监督的执行将破坏制度

长期以来,企业监督弱化是一个共性的问题,它困扰着广大的企业工作者。那么,如何才能使工作监督职能最大限度发挥呢?

日本成像设备生产公司奥林巴斯一度市场局面一片混乱。该公司罢免了首席执行官迈克尔·伍德福德。伍德福德匆匆离职,让人们猜测其离职的真相。这一事件促使人们思考日本企业中关于企业监督的重要性。

英国人迈尔克·伍德福德成为奥林巴斯历史上第一个非日本公民首席执行官。仅仅过了6个月,他就被解除了职务。据该公司的说法,伍德福德的管理作风与公司文化产生了冲突,"导致决策上出了问题"。该公司的官方说法是:"他无法克服和日本企业之间的文化障碍。"

伍德福德对此进行反驳声称自己之所以被解雇,原因是对奥林巴斯之前的几宗收购案中的费用进行了质疑。譬如2008年,奥林巴斯斥资20亿美元收购英国一医疗设备制造商。公司给财务顾问支付了6.87亿美元。通常情况下,财务顾问将收取收购总价格1%~2%的费用。奥林巴斯收购该医疗设备制造商的价格为20亿美元，向财务顾问支付的费用显然过高。

这个意外的消息传出后，奥林巴斯股在东京证券交易所的股价下跌了14%以上。

不仔细看，这个事件表明一家企业正面临传统的执行力问题。但认真琢磨，就会发现其中有更令人担忧的问题。实际上，类似的问题不仅困扰着奥林巴斯，同时困扰着许多企业，这个问题就是缺乏独立的监督。

在许多发达的国家，企业董事会的一个特点是其大多数成员是不参与管理的董事。日本企业却不是这样，日本企业董事会的大多数成员会参与企业的管理工作。

日本企业董事会由其内部成员掌控，董事会负责人是企业高层领导的监督者，也是企业制度的制定者，这就引起了人们对企业管理的担忧。而在西方企业，企业评估工作都是由企业的外部董事进行的。

除了监督和问责制度不足这个原因外，日本企业董事会缺少独立董事的事实表明——正如奥林巴斯，企业内部要想公正、客观地调节高管之间的矛盾是不可能的。

在英国，如果企业的一位高层领导对董事会主席的行为不满，他可以私下以非正式的方式，通过自己信任的某位独立董事或不参与管理的董事，召开一次公平的听证会。如果对董事会主席的控诉属实，并且担心因此影响董事会主席的工作情绪，那么，不是首席执行官，而是独立董事有责任说服董事会主席辞职，或者让他脱离董事会。

就奥林巴斯而言，首席执行官认为自己有必要站出来，质询董事会主席或董事会中的某位权势人物。但是由于缺少不参与企业管理的董事，因此他只能孤身奋战，最后以被解雇的结果收场。由于在组织的管理层中缺乏有效的内部争端解决流程，被迫脱离企业的领导更容易感到"受到不公平对待"。因此，被解雇之后，伍德福德将奥林巴斯的内幕公布于众，这对该公司的财政和声誉都造成了重大损害。从伍德福德离职，奥林巴斯的股价暴跌了近50%。

总而言之，就企业而言，必须确立一种制度方针，将有实际管理权的董事会组织过渡到侧重企业管理和战略制定的监督组织。这将为不参与企业管理的董事提供更有利的环境，让他们为董事会做出更有意义的贡献。

大家都知道三个和尚喝水的故事，而且，经常把这个故事拿来教训别人，说没有团队精神，哪怕自己干耗着，一点亏都不能吃。如果你是其中一个和尚，如何来解决这个问题呢？

第一个办法：制定轮流挑水制，每天一个和尚轮班挑水大家喝。这个方法很好，既公平，又民主，更重要的是大家都有水喝了。随着时间的推移，这中间还可能会出问题，比如说，今天该A和尚挑水了，可是，A和尚昨天与B和尚吵架了，心情不畅，不想挑水，更不想看到自己挑完水后B和尚喝水的样子。这样，其他和尚也跟着受罪。第二天，B和尚也不挑水了，他的理由很充分：A和尚昨天没挑水呀，为什么今天我必须挑水？就这样，制度打破了。

最后，三个和尚发现，这样下去也不是办法，他们意识到一个问题：有了轮班制度，还要有个监督机制，以维护制度的权威。在没有第四人的情况下，只有三人中选一位大家认为比较有公信力的人来担任监督人了。这时，可能A和尚觉得反正我不想当这个得罪人的职务，所以我无所谓，选谁都行，就是不要选我，我更不会主动站出来。不幸的是，B和尚也这样想，于是，好心的C和尚站出来了，他来当监督人。当然，A、

B和尚都没有意见，于是，C和尚成了大家的监督人。可是，C和尚缺乏管理能力，他的监督形同虚设，因此三个和尚吃水的问题，依然没有解决。

由此可见，缺少监督的执行往往无法顺利开展，而执行的不畅必定会反过来影响监督制度，使其发生变化，甚至破坏制度。因此，监督制度不可或缺，也不可形同虚设。

2

如何看待执行过程中的报喜不报忧现象

在企业工作中"报喜不报忧"的现象与实事求是的精神不符,极大地危害了企业和员工的利益。究其根本原因乃是少数领导求成绩心切,只愿意听溢美之词不愿意听铮铮之谏,导致下级在汇报工作时,浓墨重彩罗列政绩,而谈到缺点却避重就轻、极力粉饰。

这种现象无非是:一方面,领导喜欢听,少部分领导听到成绩时满心欢喜,听到缺点就大发雷霆、耿耿于怀,久而久之,下属在"报喜得喜,报忧得忧"的心理作怪下,为投"领导"所好,只敢报喜不敢报忧;另一方面,一部分领导出于廉耻之心、面子观念,为维护自身形象,"家丑不外扬",对待问题先"自家"遮掩捂盖,以求"自身"解决,使大事化小,小事化了。

"报喜不报忧"虽然更多的是出于一种善意的"隐瞒",但隐瞒的多了,虚报的多了,不但会使信息失真,导致决策失误,还会纵容部分领导的弄虚作假,使"小错"酿成"大祸"。

常听别人说起一个关于说真话挨打的故事:一个财主老来得子,满月之时，前来贺喜的人们有说这孩子将来会中状元的，有说这孩子将来会做宰相的，都被财主客客气气地迎进里面吃酒去了。只有一个喜欢说真话人的说，这孩子将来会死的。他不仅没有被请进去喝酒，还遭到一顿毒打，差点丢了性命。

于是，有人总结说，说假话的奉若上宾，说真话的挨打。从另一层面上说，听话的爱听好话，真假暂且不认；说话的，得会说话。

一个人特别会拍马屁。一天，有个人去阎王爷那儿告他黑状，说他太爱拍马屁，拍马屁已经拍得天下大乱了。阎王爷偏听偏信，叫"牛头马面"去把那个人锁来。

风高夜黑的晚上，牛头马面哥俩破窗而入，一句话都不说，大铁链子一抖，锁上那个人就拉着要去阴间。拉到半道上，被锁上的这位说话了："牛哥，马哥，从没见过像你们这么有阳刚之气、这么有男人味道的人。死在你俩的链子下，不冤啊，拉我去吧，这是我的福气。"

牛头马面哥俩听后一下子呆了：锁了一辈子的人，除了喊冤的就是叫屈的，这好不容易遇着一个说我们好的，还被我们俩锁走了，这人间还能有说我们好的人吗？这哥俩一商量，干脆就把这位马屁精放了。

从善如流，闻过则喜。"偏听则暗，兼听则明"作为领导，要有直面"问题"的勇气和自信，对待问题，要积极倾听、冷静对待，并虚心纳谏，消除下属"报忧"的顾虑，鼓励员工来提问题，敢于曝不足，以此来知漏洞、明得失。要坚持实事求是的原则，有喜报喜，有忧报忧，成绩面前不夸大吹捧，问题面前不隐瞒虚报。

作为领导，要落实责任到人，对"有忧不报"者，一经查出，要严格追究，严加惩处，以此来增强警示力度，营造"有喜报喜、有忧报忧"

的风清气正之风。

"报喜不报忧"容易形成误导，以至造成决策失误，而且贻误了解决问题的时机，使小矛盾变成大矛盾，小错酿成大祸。当前，在一些机关单位和企事业，报喜不报忧、报忧难的问题相当突出。汇报工作时，讲成绩、讲好的方面浓墨重彩，极力渲染，对问题和缺点则轻描淡写，讳莫如深；有的只准报喜，不许报忧，对问题层层截留，大事化小，小事化了；有的对报忧的人横加指责，施加压力，甚至打击报复。

这种做法，不仅妨碍了上级对真实情况的了解和掌握，容易形成误导，以至造成决策失误，而且贻误了解决问题的时机，使小矛盾变成大矛盾，小错酿成大祸，给团队造成重大损失。

有许多突发事件就是在掩盖问题的过程中埋下祸根的，是在矛盾的萌芽情况下积累起来的，对祸根视而不见，等到局势恶化，悔之晚矣。

战国时代，齐威王的大臣邹忌身高八尺，长得英俊潇洒。某日他心血来潮，问他的妻妾，如果他和全国公认的美男子徐公相比，到底谁比较英俊？他的妻妾都说：徐公哪里比得上您呢！

后来邹忌又问来访的友人，也是说他比徐公还要俊俏。直到有一天徐公亲自来访，邹忌仔细端详并揽镜自照，发觉自己确实和对方差得远，顿悟道：我的妻子是因为偏私我，妾是因为怕我，朋友是因为有求于我，所以才都说我好话，但其实并非真话啊！

后来邹忌有次向齐威王谏言时说道："现在全国的官员百姓、后妃内侍等，没有一个不对大王有所需求的，所以大王可能受到的蒙蔽是多么大啊！"齐威王听了以后，采纳了邹忌的建议，从此广开言路、虚心纳谏。后来邻国的燕、赵、韩、魏等国，在听到这件事后，都向齐国学习。

报喜不报忧的一个重要原因是少数领导存有私心。他们怕报忧给领导留下不好的印象，影响对自己的评价，影响参加各种先进的评选，影响个人的提拔使用。表面上是一个怕字，其实质是自私在作怪。

防止和克服报喜不报忧的现象，必须从领导做起。领导一定要有爱听真话、愿听"忧"处的真诚愿望，有善纳群言、闻过则喜的宽广胸怀，有解决问题、克服困难的实际行动。

实际上，应该在兼听则明的基础上，再加上"兼报则明"这一句。"兼听"和"兼报"的两方，一方要做到"喜"和"忧"兼报，另一方要做到"喜"和"忧"兼听；一方既要敢于报"喜"中之"忧"，又要善于报"忧"中之"喜"，另一方既要乐于听"喜"中之"忧"，又要善于听"忧"中之"喜"。只有这样，才能反映和了解到事物的真实面目，保证领导依据实际情况制定科学决策，使决策正确，减少或避免失误，把事情办好。

3

问责制在执行过程中的运用

"问责"一词，早已在现代生活中受到关注。从孙中山先生开始，称官员为公仆为人民服务是也。今者，口称"为人民服务"的许多"公仆"，对于"造门面"的"政绩"颇费心思，而职责所在的诸事却不作为；等而下之，则专注于造假，应付上司，应该做的服务工作在部门之间互相推诿，以不作为当作作为。

一些企业或者公司的领导也犯有此弊病，他们驾驭复杂局面、处置突发事件的能力不够。面对突如其来的事情，不知所措，应对无方，导致后果严重，事后却百般狡辩，为自己开脱。

讲一个关于王安石的故事：

北宋熙宁四年，免役法在开封府试行。东明县官员欺软怕强，搞权钱交易，在确认群众免役权时严重不公，于是群众结伙向知县告状。可知县贾蕃拒不接受呈诉，于是事态开始升级。群众见知县不理，就聚集到开封府上访，开封府也不受理，事态再次升级。上访群众涌入王安石私宅，直接向宰相申诉。数百农民私闯宰相府，前所未有。

王安石接见了百姓，并当即表态："尔等问题，定当妥当处置，务请各自回家！"百姓散去后，王宰相一边严令东明县迅速、公正解决问题，一边代表宋神宗问责贾知县，果断摘取他的官帽。理由是"不受民诉，引致京师喧哗"，于是百姓皆呼王安石为"王青天"。

百姓上访其实也是一种问责，可是很多当官者，认为是一种扰乱治安的行为。

清乾隆四十五年五月初，正值青黄不接之际，农家普遍缺粮，吃饭成问题。云南省保山县县令李伟烈不顾民众再三恳请缓征和借贷社仓存谷的诉求，不仅封锁社仓不许借贷，还下令要查访民间储粮，由此引发乡民聚众闹衙。

冲突高潮时，官民之间产生严重肢体冲突，伤者无数，此事引起各方震惊。此事经云贵总督舒常以六百里加急奏闻中央，中央立即降旨对李伟烈革职严审并开仓借贷。

要论历史上对领导问责最严、问责最多的时期，要数明朝首辅张居正推行"考成法"。万历三年（1575年），张居正共问责未完成目标任务的抚按诸臣54人，凤阳巡抚王宗沐、巡按张更化、广东巡按张守约、浙江巡按肖廪，以未完成事件数量太多而罚停俸三月。

万历四年，山东17名、河南2名官员，因地方官征赋不足九成受到降级处分，而山东2名、河南9名官员受革职处分。张居正当政期间，按"考成法"裁革的冗员竟约占官吏总数的30%。

古代官员被上级问责的比比皆是，但能让人眼睛一亮的是：一些工作有失误的古代官员，不但不掩饰解释，而是主动要求甚至以死相逼恳求上级处罚。这种敢于担当的精神，值得学习。

实际上，问责的例子在古代有很多，三国时，蜀国大将马谡违背了诸葛亮的叮嘱，不听部下王平的正确建议，把军队安排在街亭沿线的山坡上，被魏国大将张郃包围在山上，断了水道。蜀军不战自乱，失了街亭。结果，蜀军只能撤退，同时丢失了南安、安定、天水三城。

此次作战失败，是马谡违背诸葛亮的军令，跟诸葛亮没啥关系，但诸葛亮还是以"用人失察"为由，自贬为右将军。

而今，企事业的有些领导却不是这样，对出现的问题搪塞、躲避、推卸。这样，虽然可能暂时大事化小，小事化了，但长期来看，却是对团队却有着极大的损害。实际上，这也是缺少监督制度或者监督不力的结果，要想解决或者减少这样的事情发生，一是加强领导对责任意识的强化，二是建立健全监督机制。

4

人人都要有监督的责任

曾经有一个珍贵花卉的植物园，人们纷纷前往观赏园内多姿多彩的花卉和奇特的盆景，但植物园的花卉经常被偷，于是管理员树起一块牌子"凡偷盗花木者，罚款 200 元"，然而效果并不理想。后来，管理员把牌子改为"凡检举偷盗花木者，奖赏 200 元"。这样一来，花木再也没有出现被盗情况。

管理员说：写成偷盗花木者罚款 200 元，只能靠我一个人来进行监督，写成奖赏检举者，可能随时都有几百双眼睛在监督，群众的眼睛是雪亮的。

对于监督有很多的员工不能够完全理解，把牢骚埋怨当作监督，把可以正常处理的工作当监督，要么抱怨气息很浓，要么应付成分较大。监督工作是每一个员工应有的权利，更是不可懈怠的责任和义务。只有大家都积极参与到监督工作当中，企业才能弃旧迎新，更好更快地发展。

说一个关于家庭的小故事：

星期天妻子要去加班，临出门的时候她交代丈夫："今天你在家监督儿子做作业，千万不能让他上网，小孩子上网多了很容易上瘾，上网有瘾了再想戒可就难了。"丈夫跟妻子保证说："你放心，我一定看好他！"

妻子走后不久，丈夫安排儿子："等一下我去楼下转转，刚才你妈的话你也听到了，让我监督你，好好在家做作业，做完作业可以看看电视，爸爸就不守着你了，做什么事情都要靠自觉才行！"儿子不怎么乐意。跟爸爸商量："爸，那你等我一下吧，作业一会儿就做完，我想跟你一起出去！"

丈夫感到有点不对头，对儿子说："你都多大了，怎么还想着跟在爸爸的屁股后边，抓紧时间做作业，做完作业在家看电视！"儿子耍赖说："看不看电视无所谓，反正我得跟着你！"丈夫有点生气："跟着我干什么，做完作业看电视不好吗，跟着我你能干什么？！"

儿子仰着脸看了半天。然后跟爸爸说："不跟着你，我就没办法监督你了，我妈交代了，让我今天一定看好你，说什么都不准出去打麻将！"

生活中关于监督或者是互相监督的小故事很多，但是大部分的监督工作得到了很大的发展，并且取得了不错的成绩。再来看一个关于非洲草原上动物的故事：

每天，当太阳升起来的时候，非洲大草原上的动物们就开始奔跑了。狮子妈妈在教育自己的孩子："孩子，你必须跑得再快一点，再快一点，你要是跑不过最慢的羚羊，你就会活活地饿死。"

在另外一个场地上，羚羊妈妈也在教育自己的孩子："孩子，你必须跑得再快一点，再快一点，如果你不能比跑得最快的狮子还要快，那你就肯定会被他们吃掉。"

强如狮子之强，弱似羚羊之弱，差别不可谓不大，然而在物竞天择的广阔天地里两者面临的都是对手的监督，来自求生欲望的压力都是同等的。在动物世界里，动物的对手说到底也就是它自己，它要逃避死亡的追逐，首先就要战胜自己，它必须越跑越快。

监督工作只有大家共同参与才有力度，只有靠大家齐心协力才能有成果，监督工作不仅仅是企业的事情，不仅仅是监督员的事情，它是企业每个员工的事情，只有全员参与才能使监督工作更长久、更有效。

首先，要明白监督工作不是打小报告，更不是告状，是本着一颗热忱的心，本着对公司、对工作认真负责的态度，把公司利益放在第一位，以主人翁的心态，对公司各项工作中有可能存在的问题及时反映出来，以达到改进、纠正的目的。在我们的工作和生活中，及时监督工作时常贯穿其中，正是有了相互监督和自我监督，工作及生活才会节节攀升。

企业，如发现产品的要求不一致，或者员工由于大意而将不合格的产品放到成品当中，或者产品装箱后条码显示面积和实际面积不一致等等情况。这时候，就是行使监督职能的时候了。发现了送过来的不合格品，及时反馈给班组长，告诉他某些程序弄错了，需要重新处理。这是一个监督、反馈、改进的过程。其实这些看似简单的小事情，反映的是一个工序运行过程中相互监督与自我监督，因为监督不仅仅是针对别人或者别的部门，同样也针对我们自己。

正是有了监督的存在，企业各个环节才不断得以提高，公司的竞争力不断加强，同时堵塞了很多运行中的漏洞，避免了因此而可能给公司带来的一系列不良后果。呼吁广大的员工都能够对监督工作有一个正确的理解并真正重视起来，积极参与其中，这样才能使企业的监督工作真正做好，真正为企业的发展起到支撑性作用。

最后，广大员工都积极参与到监督工作中来，为企业的发展献言献策，为了公司更好的发展，也为了自己将来的发展，每个人才都有机会得到更好的发展。

5

监督制对执行的保驾护航作用

在银行界,有一个巴林银行倒闭的故事很值得借鉴,这是一个关于监督制度没有很好执行的故事。巴林银行的倒闭是由于该行在新加坡的期货公司交易形成巨额亏损引发的。时任巴林银行驻新加坡巴林期货公司总经理、首席交易员尼克·里森曾被人誉为国际金融界的"天才交易员",素以稳健、大胆著称。在日经225期货合约市场上,他被誉为"不可战胜的里森"。

从1994年下半年起,里森认为日经指数即将上涨,于是逐渐买入日经225指数期货,不料从1995年1月,日本关西大地震后,日本股市反复下跌,里森的投资损失惨重。里森认为股票市场对神户地震反映过激,股价将会回升,为弥补亏损,里森一再加大投资,多次大规模建多仓,以期待翻本。

里森继续买入日经225期货,可是日经指数急剧下挫,合约收盘价大跌,导致无法弥补损失,累计亏损达到了480亿日元。

由于里森主观地认为日本股票市场股价将会回升,而日本政府债券价格将会下跌，因此在 1995 年大规模建日经 225 指数期货多仓同时，又卖出大量日本政府债券期货。但 1 月 17 日关西大地震后，在日经 225 指数出现大跌同时，日本政府债券价格出现了普遍上升，使里森日本政府债券的空头期货合约也出现了较大亏损，在 1 月 1 日到 2 月 27 日期间就亏损 1.9 亿英镑。

里森在进行以上期货交易时，还同时进行日经 225 期货期权交易，大量卖出鞍马式选择权。鞍马式期权获利的机会是建立在日经 225 指数小幅波动上，因此日经 225 指数出现大跌，里森作为鞍马式选择权的卖方出现了严重亏损。

到 2 月 27 日，期权的累计账面亏损已经达到 184 亿日元。

2 月 24 日，当日经指数再次加速暴跌后，里森所在的巴林期货公司的头寸损失已接近其整个巴林银行集团资本和储备之和。融资已无渠道，亏损已无法挽回，里森畏罪潜逃。

巴林银行面临覆灭之灾，银行董事长不得不求助于英格兰银行，希望挽救局面。然而这时的损失已高达 14 亿美元，并且随着日经 225 指数的继续下挫，损失还将进一步扩大。因此，各方金融机构竟无人敢伸手救助巴林这位昔日的贵宾，巴林银行从此倒闭。

巴林银行倒闭事件对所有从事信息财富投机的交易者都是一个警示，即使再专业、再伟大的交易者，如果他忘乎所以、自以为是，失去正常的理智，置风险管理和止损于不顾，一意孤行地和市场对赌，无论他拥有多少资金，以前的战绩多么辉煌，通常只需一个回合，便丢盔弃甲、一败涂地、落荒而逃。

巴林银行倒闭的事件虽然不具有代表性，但是，其本质是一样的。没有落实到部门的监督，其实就是没有监督。在没有监督的情况下，制度执行起来就会变样，变得领导不敢相信。因为通常是领导上有政策，员工下有对策。

制度是权力的清洁剂，对任何权力而言，如果失去了1%的制度约束和监督，那就会产生1%的腐败；如果失去了100%的制度约束和监督，那就会产生100%的腐败。制度是权力的清洁剂和清道夫。一切秩序都来自于规则，来自于对规则的严谨恪守。

"无规矩，不成方圆"这是一句古话，任何制度一经形成，就要严格遵守，执行制度没有例外。无论是单位公司规章制度还是一个国家政权的法律法规，都必须严格执行。制度的建立是为了执行，为了让国家或者公司能规范地走在健康的轨道上。对制度有所敬畏，遵守职业道德和法律制度，才能做到"有所为、有所不为"，才能保持清醒头脑，把制度作为悬在头顶的"三尺利剑"，做到行所当行，止所当止。领导人员更应该成为自觉遵守制度的模范，不违反纪律、不骄不躁，做到制度面前人人平等，才能取得人民群众的信赖。

没有监督，制度就成了不带"电"的高压线，更谈不上执行力。要建立健全制度执行的责任、考评、问责等机制，完善保障制度执行的程序性规定和违反制度的惩戒性规定，对制度执行进行责任分解，明确责任部门和具体责任人，把制度执行情况作为员工立功受奖、提拔使用和公司评先评优的重要依据，对有令不行、有禁不止、随意变通、肆意规避等行为，坚决追究直接责任人和有关领导的责任。增强领导人员的原则性、战斗性，对制度落实情况定期进行分析，对倾向性和关键性问题，早发现、早纠正、早处理，尤其对违反制度的人和事，敢于揭露，敢于较真、顶住压力、一查到底。

不执行监督制度、违反监督制度的行为是对监督制度权威的蔑视和挑战，是对监督制度的最大伤害。目前，一些制度不落实、不执行，很大程度上是因为违反制度的行为没有及时受到惩处，让无视制度者受益，让尊崇制度者吃亏。严肃制度，坚决惩处违反制度的行为，是提高制度执行力的重要保障和根本措施。要强化制度对权力的硬约束，使制度真正成为不可触犯的"高压线"。对那些对制度规定置若罔闻、我行我素、有令不行、有禁不止、随意变通、恶意规避等严重破坏制度的行为，要发现一起，查处一起。

监督制度的执行力，是一种对规则、制度的高度认同、忠诚与敬畏，是制度文化的核心。而制度执行就是制度功能转化为预期效果的关键。员工一定要树立接受任务不找借口、执行任务不讲困难、完成任务追求圆满的观念。

6

任何人不要找借口拒绝监督

监督是权力正确运行的根本保证,是加强和规范企业内部生活的重要举措。能不能正确对待监督,能不能主动接受监督,能不能习惯在监督下开展工作,是检验一名工作人员觉悟的试金石。

任何人,包括领导者绝不能以任何借口而拒绝监督。

权力导致腐败,绝对权力导致绝对腐败。"如果权力没有约束,结果必然是这样。"监督是保障权力在轨运行的必要条件,也是保护领导安全执行的"保险绳"。但现实中,个别领导只看到了"绳子",却看不到"保险",使用各种借口规避监督。

面对上级监督,一些领导以"对我不信任"为由,不情不愿、躲躲闪闪。有的领导班子成员分工及其调整,请示报告不及时甚至不报告、不备案;有的以"侵犯个人隐私"为由,在个人事项报告中藏猫腻、瞒报、漏报、迟报、造假;有的被举报,与其谈话时仍不尽不实。

信任不能代替监督,领导者心里也明白,只是权力欲膨胀,让其感觉被监督不舒服。有人举报某位领导有徇私舞弊的行为,本着负责的原则，更高一级的领导先后六次找被举报的领导谈话。一听调查自己的情况，这位领导选择躲避，对抗审查，错上加错，最终受到严重警告处分，并被免职。

监督是信任，同级监督也是对领导的爱护。然而，有些领导以"不支持自己工作"为由，对同级监督百般刁难。"不要听他瞎诈唬，该怎么干还是怎么干"，有的领导公然抗拒监督。

同级监督是不支持自己工作吗？当然不是。他们搬出如此由头，无非是为自己以权谋私找借口。排斥同级监督，让他们失去了事前、事中的保险。最终，让自己在错误的道路上越走越远。

一些领导把下级监督视为"麻烦制造者"，想方设法逃避。以"侵犯隐私"为借口拒绝"八小时之外"的监督，以"涉密"为由拒绝对连续排污企业名单曝光，以"正在抓紧研究"为由搪塞质询……

漠视监督，躲避监督是忘记初心的表现。实践证明越是遮遮掩掩，越是拒绝监督，就越容易出问题。

特权思想是拒绝监督的思想根源。能不能正确对待、自觉接受监督，是衡量一个人修养水平的重要尺度。不愿接受监督、回避监督、抵触监督的人，就不具备当领导的起码素质。

有些领导觉得"有人监督不自在、干事不方便"，不愿被监督，只想要权力，不想要责任。"监督就像制动装置，习惯了开快车，自然觉得被踩刹车不舒服。"专家分析指出，追求权力带来的舒适感，崇尚特权，是一些领导拒绝监督的思想根源。

抱着"我是一把手，谁敢监督我"的特权心理，把分管领域视为私人领地，拒绝监督、肆意妄为，难免走上歧途。某地一把手，在他看来，作为一把手，就该说了算，工程招标、确定承建方等都要由他来拍板，什么制度、程序，什么监督、制约，在他眼里全是摆设，最后因为贪污腐败而只能是坐牢去了。

领导无论身居何职，都应自觉端正权力观、主动接受监督。"领导手中的权力都是人民赋予的，领导使用权力，使用得对不对，使用得好不好，当然要接受人民监督。"

古人说："拒谏者塞，专己者孤。""如果把监督当成挑刺儿，或者当成摆设，就听不到真话、看不到真相，有了失误、犯了错误也浑然不知，那是十分危险的。"

拒绝监督、脱离监督，换来的只是一时的飞翔快感，最终将备尝自由落体的痛苦。从各地出的腐败案件看，权力不论大小，只要不受制约和监督，都可能被滥用。从这个角度讲，严管就是厚爱，监督是为了让领导不犯错误或者少犯错误，防止小错成大过。

监督，不只是监管，也包括督促，让被监督者及早改正错误。人非圣贤，孰能无过？主动接受监督，注重同特权思想和特权现象作斗争，应当成为领导者的自觉要求。

总之，让接受监督成为自觉，不仅靠个人觉悟，更靠管用的制度约束、有力的贯彻执行。

第 七 章

用严明的纪律提升执行的整体效力

纪律是制度的底线,是执行力的红线,在起到监督、提醒作用的同时,还会间接起到提升执行力的作用。合适严明的纪律有助于整体执行力的提高。

第七章

1
纪律是敬业和秩序的基本参照系

当你的员工都拥有纪律意识,在不妥协的地方绝不妥协——比如质量问题,比如对工作的态度,等等,你会猛然发现,企业因此会有更加惊人的大好局面。

一个团结协作、富有战斗力和进取心的团队,一定是具有严格纪律的团队。一个积极敬业的员工,也一定是纪律观念非常强烈的员工。可以这样说,纪律,就是忠诚、敬业和团队精神的前提。

为了保障纪律锻炼的实施,西点有一整套详细的规章制度和惩罚措施。

据说,艾森豪威尔到西点军校不久,就因为他的自由散漫而赢得了"操场上的小鸡"的头衔。原因是艾森豪威尔经常受到惩罚,像小鸡在田间来回走动一样在操场上来回走步。在西点军校纪律锻炼主要是在新生的第一年完成。通过锻炼,可以使每个学生学会在艰苦条件下怎样工作与生活。比如日常的着装训练:一会儿下令集合站队,一会儿又指令返回宿舍换穿白灰组合制服,限定在5分钟内返回原地并报告,接着班长又一次下命令,换上学员灰制服。

这样的训练整整需要一年,纪律观念会根植于每个人的头脑中。每个人强烈的自尊心、自信心和责任感都受到了极大的锻炼,这是让人一辈子受益的精神和品质。

美国的巴顿将军在"二战"时说:"我们不可能等到2018年才开始训练纪律性,因为德国人早就这样做了。你必须做个聪明人,动作迅速、精神高涨、自觉遵守纪律,这样才不致于在战争到来的前几天为生死而忧心忡忡。你不该在思虑后去行动,而是应该尽可能地先行动,再思考。只有纪律才能使你所有的努力、所有的付出不致白费。没有纪律就没有英雄,你会毫无意义地死去。有了纪律,你才真正的不可抵挡。"

乔治·福蒂在《乔治·巴顿的集团军》中写道:"1943年3月6日,巴顿临危受命为第二军军长。他带着严格的铁的纪律驱赶第二军就像'摩西从阿拉特山上下来'一样。他开着汽车转到各个部队,深入营区。每到一个部队都要严厉训话,诸如领带、护腿、钢盔和随身武器及每天刮胡子之类的细则都要按照纪录严格执行,巴顿由此可能成为美国历史上最不受欢迎的指挥官。但是第二军发生了变化,它不由自主地变成了一支顽强、具有荣誉感和战斗力的部队。"

巴顿对上司的服从和态度上从来不含糊。因为他知道,军队的纪律比生命都重要,军人的服从是职业的客观要求。他认为:"纪律是保持部队战斗力的重要因素,也是士兵们发挥最大潜力的基本保障。所以,纪律应该是根深蒂固的,它甚至比战斗的激烈程度和死亡的性质还要激烈。"他还有一句关于纪律的名言:"纪律只有一种,就是完善的纪律。假如你不执行和维护纪律,你就是潜在的杀人犯。"

巴顿并不是强硬的命令者。他从不满足于运筹帷幄和发号施令,而是经常深入基层和前线考察,听取部属意见,让部队感觉到统帅就在他们中间，从而愿意听从他的命令，愿意服从他的指挥。

纪律是一个团队生存和作战的保障，没有了纪律，这个团队就会像一盘散沙，各自为战，没有前进的方向。一支富有战斗力的军队，必定有铁一般的纪律；一个合格的士兵，也一定具有强烈的纪律观念。纪律，是团队文化的精髓，团队如果没有纪律，就不能称其为团队。每个团队建立之初的第一件事情，就是指定明确的纪律规范。人都有自己的思想和行为，但是团队却要力求避免这种个人的思想和行为的干扰，要求步调一致，所以纪律的约束不能缺少。

企业员工必须做到绝对执行，才能做到真正的纪律严明、训练有素。万物都有规律，每一个人的行为都要或多或少地受到规则的制约，不论是客观世界的还是伦理道德的。如果你越了轨，那么随之而来的就是自然的惩罚和道德的谴责。服从是行动的第一步。你必须暂时放弃个人的独立自主，全心全意遵循企业的价值观。

一个人在服从的过程中，对企业的价值观念、运作方式，才会有更透彻的了解。一个高效的企业必须有良好的服从观念，一个优秀的员工也必须有服从意识。

一个企业的使命说来也非常简单，就是把已经制定的计划变成现实，也就是执行。在这个过程中，纪律不可缺少，纪律是保证执行力的先决条件。纪律首先是服从，下级服从上级、部门服从公司、公司服从集团。

纪律是自由的保障。现代社会，每个人都有自己的自由，但我们同样要遵守这个社会的规范。只有遵守这些规范，社会才能在和平的环境中发展，个人的自由才能得到保证。

纪律的价值在哪里，曾任英特尔公司的华裔副总裁虞有澄有一段论述："有关纪律在庞大的企业中的作用，军队是最好的例证。每一天准时开始，一切都井然有序，所有的武器随时保持清洁。事实上，士兵所接受的第一项训练就是纪律。原因很简单，在战争中，严谨的纪律是制胜的关键。在商场上，纪律同样重要。"

正是因为意识到纪律的重要性，英特尔把"注重纪律"列为公司六大价值观之一，其企业文化在更多强调人性化管理的行业中独树一帜。

2

执行要受制度的制约

一个在校大学生,在课余为一家餐馆洗盘子以赚取学费。这家餐馆有一个不成文的行规,即餐馆的盘子必须用水洗上七遍。由于洗盘子的工作是按件计酬的,这个学生一天累得腰膝酸软,也得不了多少工钱,于是他计上心头,以后洗盘子时便少洗一两遍。果然,劳动效率大大提高了,他也因此受到领导的器重,工钱自然也迅速增加。

一起洗盘子赚学费的另一个学生便向他请教技巧。他毫不避讳,说:"你看,洗了七遍的盘子和洗了五遍的有什么区别吗?少洗两遍嘛。"另一个学生没有说什么,却与他渐渐疏远了。

一次,餐馆的领导抽查后厨情况,他用专用的试纸测出这个学生负责清洗的盘子清洗程度不够后,他责问对方,这个学生振振有词地说:"洗五遍和洗七遍不是一样保持了盘子的清洁吗?"领导只是淡淡地说:"你是一个不诚实的人,请你离开。"这个学生很是郁闷,不过也只好愤愤不平地离开了。

为了赚取生活费,他又到该社区的另一家餐馆应聘洗盘子。接待他的人打量了他半天,说:"你就是那位只洗五遍盘子的留学生吧。对不起,我们不能聘用你!",他继续去了第二家、第三家……他屡屡碰壁。不仅如此,他的房东也要求他退房,原因是他的"名声"对其他住户的工作产生了不良影响。万般无奈,他只好收拾行李搬到了另一座城市,一切重新开始。

有这样一篇介绍德国人守规矩的短文。

曾经,有一留学德国的外国大学生见德国人做事刻板,不知变通,就存心捉弄他们一番。他在相邻的两个电话亭上分别标上了"男""女"的字样,然后躲到暗处,看刻板的德国人到底会怎么样做。

结果他发现,所有到电话亭打电话的人,都像是看到厕所标志那样,毫无怨言地进入自己该进的那个亭子。

有一段时间"女亭"闲置,"男亭"那边宁可排队也不来"女亭"这边打电话。那个大学生惊讶极了,不晓得德国人何以"呆"到这份上。

面对大学生的疑问,德国人平静地耸耸肩说:"规则嘛,还不就是让人来遵守的吗?"

德国人的刻板看似可笑,甚至有些愚蠢,但实际上,他们的这种"较真"态度却是非常可贵的。在某些人看来,那些甘愿被规则约束的人不仅是死心眼,而且是缺心眼。规则是死的,人是活的,活人为什么要被死规则套住呢?

因此,很多人抱着便捷、实用的态度去对待规则,不是自觉遵守规则,不是把遵守规则内化为人格一部分,而是让制度遵循实用和方便。

在很多问题企业中,造成问题的不是缺乏制度,也不是制度不好,而是不遵守或不严格遵守制度。

制度的遵守无非两种：一是自觉遵守，比如德国人循规蹈矩遵守"男亭""女亭"约定，二是强迫遵守，是监控赏罚使然，比如，交通红绿灯规定。这也是利用纪律的结果。

执行要遵守制度的规矩。在自觉遵守还无法实现的时候，有必要采用惩罚等强迫手段来强迫其遵守。虽然后者的执行效果不如前者，但是客观上还是会起到强化效果的作用。当然，对企业来说，要想避免"员工只做你检查的工作，不做你期望的事情"，只能努力让后者升华到前者，这需要一个过程。

3

纪律是执行力的安全红线

据《明史杂俎》记载：朱元璋有一次问群臣，天下何人最快乐？有人说功高盖世者最快乐，有人说金榜题名者最快乐，有人说富甲一方者最快乐，而一个叫万钢的大臣回答："天下守法者最快乐。"朱元璋听后大悦，夸赞万钢"见解甚是独到"。

天下之事，成于惧而败于忽，只要有所敬畏，才能做到"有所为、有所不为"，才能保持清醒头脑。有人曾经说过，与个人作用、个人责任相比，制度问题更有根本性、全局性、稳定性。常言说：越规者，规必惩之；逾矩者，矩必匡之。

通常情况下，一名员工，要遵照公司制定的各项规章制度行事，要不然容易事倍功半，执行力下降。在汽车制造行业广泛流传着这样一个事例：

德国一个品牌的汽车在国外某地有一流水线，德国的零部件到了这里之后用这里的工人去组装该品牌汽车，出来的产品两三年之后就开始有毛病，就开始返修了。而在德国本地组装的六七年也没事。流水线是一样的流水线，但在这里组装出来的汽车质量就不一样。

后来经过专家的检测得知，原来是组装工人没有按照步骤严格执行。比如装配一个零件，工程师是这样规定的：顺时针转三圈，然后往回倒半圈。德国的工人是转三圈倒半圈，一辈子都不敢改；而这里的工人，第一天按照工程师的要求做，转三圈倒半圈，到了第二天，有的人就想这不是傻瓜吗，于是转了两圈半就不往前走了，为什么？他们认为三圈减去半圈就是两圈半，这样一次到位，为何还要转三圈再返回半圈。

德国工程师制定这个标准是有原因的：这个零件上三圈就太满了，车辆是一个集成度高的模块，一旦发生碰撞，就会爆丝。如果两圈半就还不到位，三圈上满稍微往回倒，既有一定的弹性又不至于在发生碰撞的时候导致丝扣断掉。这是经过几百次实验得出的最合理的标准。但是这里的工人第一天按照标准进行，第二天就发挥自己的聪明，不按照标准操作了，这就引发了大问题。

万科集团上海分公司的一个销售主任向深圳总部人力资源部申诉，说上海分公司违反人事制度把他解雇了。

原来，这个销售主任同总部刚派过去的销售经理发生了严重的工作冲突，销售经理征得上海分公司领导同意后，解雇了这名销售主任。按说这样一件事在一些公司很平常，但万科却不同。万科的人事制度规定：基层领导如果在工作上犯了错误，首先应该是降职，降职后仍然表现不好，才能将其辞退。并且必须征得分公司老总和总部人力资源部共同同意，决定方可进行。

当时，深圳总部人力资源部考虑到销售经理比销售主任更能为公司做出贡献，同时也为了维护上海分公司领导层的权威和尊严，做出了维持原判的决定。销售主任不服，最后官司打到了董事长王石那里。

王石最终做出的决定是：上海分公司领导层收回成命，给予销售主任降职降薪的处分。销售经理觉得这样的处理结果让自己很没面子，提出辞职，王石没有犹豫，很坦然地接受了。

纪律就是规矩，而规矩是不能轻易改变的，如果轻易就做改变，那么规矩就失去了它应有的作用和意义。世界上优秀的领导人，都特别重视对制度的尊重，并以身作则遵守制度。

一次，美国IBM公司的领导汤姆斯·沃森，带着一个重要的客人去参观厂房。

他走到厂门时被警卫拦住，警卫说："对不起，你们不能进去。我们厂区识别牌是浅蓝色的，行政大楼的工作人员识别牌是粉红色的，你们佩戴的识别牌是不能进厂区的。"

沃森的助理对警卫说："我们是公司的大领导，陪重要的客户参观。"

警卫回答："我知道你们是大领导，但是公司给我的教育就是这样的，必须按规定办事。"

汤姆斯·沃森笑着说："讲得对，快把识别牌换一下。"

为了暂时的效率而放弃制度，是得不偿失的，必将损害企业的长远利益，最终导致企业的崩溃。

执行制度一定不能搞例外，有了第一次，就会有第二次，等到第三次例外，制度就会变得无所谓了，成为一纸空文。要让制度不成为一纸空文，制度之下的每个人，特别是领导者要以身作则，不搞特殊和例外。这样上行下效，才可能取得良好的效果。

4
懂得服从是执行的关键

有效的执行是建立在绝对服从之上的,没有服从就没有执行。每一位员工都必须服从上级的安排,服从是行动的第一步。一个团队里如果下属不能无条件地服从领导的命令,那么在达成共同目标时,则可能产生障碍;反之,则能发挥强大的执行能力。每一位员工都必须服从上级的安排,大到一个国家,小到一个企业、部门,其成败很大程度上就取决于是否完美地贯彻了服从的观念。

具体到某一个企业、某一个公司、某一个团队,为了更好地发展,为了大家共同的利益不受侵犯,都会制定一些条例、规章,以规范员工的行为。不要以为这是对员工自由的限制和剥夺,只有在这样的纪律之下,每一位员工才能获得自己的自由,才不会受到别人的侵犯,才能真正进行那些具有创造性的工作。企业的纪律正是对员工权利的最大保护。

许多企业家总想亲手带出一支训练有素的队伍,纪律严明,智勇双全,特别能战斗,可往往不能如愿。

企业要取得更优异的业绩就必须要有一个组织纪律严明,极具生命力的、能打大仗、硬仗的"正规军"。严格的管理、铁的纪律才是企业统一和合力的保证。

苏格拉底说过:"谁想转动世界,必须首先转动他自己。"一个人如果首先有行动,在行动中能够吃苦耐劳,他就往往会得到应有的报酬,在前进中他就会有动力,就会形成自己独特的风格,而且也会鞭策别人去行动。

美国 UBC 公司的培训室中镌刻着一条醒目的警言:"员工的天职就是服从执行!"沃尔玛集团要求每位员工都必须奉行"员工对上司指派的任务要无条件服从"的行为准则。其实,每位上司都有自己的翔实计划,但如果员工不服从上司的安排,那么再有价值的决策都无法实现。如果员工不服从上司的安排,那么再有能力的员工也没有存在的价值。

沃尔玛创始人沃尔顿说:"没有服从就没有执行,团队运作的前提条件就是服从。我们要的不是和领导作对的员工,而是服从领导决策,第一时间完成任务的员工。"一个高效的企业必须具备良好的服从观念,一个优秀的员工也必须具有良好的服从意识。

企业整体的利益不允许部属抗令而行。或许个人主义较强烈的人会觉得绝对的服从就是扼杀了个人民主,但是有时候民主永远都不能提高工作效力。刚刚进入工作,觉得民主还不错,起码是对每一个员工的尊重。但是不久之后,民主却成为了执行力的障碍。有时候就因为一件事,要花很多时间讨论,而且还得不到大众的支持,导致了工作没有执行,时间也白白浪费了。

没有服从精神的员工,不管他工作多么有能力,他的上司都不会非常看重他。服从的态度或精神,将使员工对公司的经营理念和价值观念有一个深刻的认识。即便在接受任务时还不具备成功的条件,也要告诉你的上司自己能行,因为只有这样,你才能千方百计地去克服困难,为最后的成功创造条件。

一个团队，如果下属不能无条件地服从上司的命令，那么目标肯定不会顺利地达成。反之，则能发挥出超强的执行能力，使团队"作战能力"胜人一筹。一个没有服从观念的员工不仅会阻碍公司的发展，还会阻碍自身的进步。其实，只要抱着坚定服从的理念，坚决执行上级的命令，你就迈出了成功的第一步。要知道，那些优秀员工都有一个相同的做事原则，就是服从上级的决策，第一时间去执行。

在西点军校，就是立场最自由的士兵都相信一个观念，那就是"不管叫你做什么都照做不误"，这就是服从的观念。服从是自制的一种形式。每一个学员都去深刻体验身为一个伟大机构的一分子——即使是很小的一分子，具有什么样的意义。

威廉·拉尼德对服从做了生动的描述："上司的命令，好似大炮发射出的炮弹，在命令面前你无理可言，必须绝对服从。"一位上校讲得更为精彩："我们不过是枪里的一颗子弹，枪就是整个社会，枪的扳机由总统和国会来扣动，是他们发射我们。"

巴顿是美国历史上最张扬、最强悍、却是最懂得服从的四星上将。关于服从，他曾说过："服从不止是一种品德，更是一种责任。如果你不懂得服从，或者打了折扣去服从，不仅会损害团队的利益，甚至会成为潜在的杀人者或自杀者。"

5
没功劳有苦劳是无效的执行力

商业时代以效率为先,靠业绩说话,不管你多么辛苦,不管有多么忙碌,如果你缺乏效率,没有业绩,那么一切辛苦皆是白费,一切付出均没有价值。只有用成功说话,你的付出才会得到回报,你经历的苦难才有价值。这是一个靠业绩说话的时代,只有功劳,没有苦劳。

传统观念认为"没功劳有苦劳,没苦劳有疲劳"。多少年来一直被人们所认同。当员工不能按要求完成工作任务而不被肯定时,这句话就会变成员工潜意识的怨言。

现在是市场经济时代,市场只认效率。假如你的产品质量不好,不可能说你的产品虽然质量不好,但也是你们员工干辛万苦制造出来的,顾客就将就买去吧。可见在现代社会,"没功劳有苦劳,没苦劳有疲劳"的观点是行不通的,是不被人认同的。

承认苦劳具有严重的危害性,承认苦劳就承认低效率,迁就懒汉。企业的各项工作必须追逐效果地完成,没有效果的工作至少是对人力和时间的浪费,当然还可能有资金和其他的浪费。没有效果的苦劳,对于企业又有什么作用呢？

在没有功劳的时候，强调苦劳也是毫无意义的。苦劳只是一个循序渐进的过程，而功劳才是业绩的具体表现。在现代经济条件下，文凭再高，工作再努力，如果没有业绩，一切都将是空谈。干活了却没有收获，就如同农民种地没有收成一样。假如你是一个农民，春天的时候你辛苦耕种了，但是秋后却没有收获粮食，那你的整个种植过程就是徒劳的，什么收获都没有，最终没有粮食吃，结果就是挨饿。

一位美国企业家说过这样一句话："不要告诉我分娩有多么痛苦，把孩子抱来给我看看。"一个公司要想强大，需要有一支战斗力强大的团队，有这样的团队，公司才会在竞争中让对手感到焦虑和无奈。在这样的公司工作，员工才会充分施展自己的才华，挖掘出自己的潜力，实现人生的最大价值。

小田在一家高档卖场里做销售员。由于工资与销售成绩直接挂钩，所以她非常卖力，每天早上七点半就到了卖场，晚上十一点多才回到家，为了能够争取更多的业绩，她甚至取消了周末、节假日。

可是到了年底，她还是收到了一份辞退书。她觉得特别委屈，她向每一个她熟悉的人哭诉，她不明白为什么自己这么努力工作，竟然还会被辞退。

一个了解实情的朋友跟她说："没有功劳，苦劳有什么用呢？没有业绩，领导拿什么给你开工资，拿什么交房租、电费，难道就因为你每天在卖场里呆着，领导就可以少缴费了？在商业社会里，只有功劳才会产生价值啊，苦劳如果没能变成功劳，那它就是在浪费时间，而且是浪费所有人的时间。更难听地说，你都没有替领导挣钱，他还留你这么久，他才是有功劳！"

"我已经努力了"这句话,无非是在掩饰自己。"我已经累到不行了,这活儿还是找别人吧。"这样的情况如果出现第二次,基本就会耗光别人对你的信任。事实上,那些看似不怎么卖力就把工作做好的人,才是精英。

实际上,越是把"我已经尽力了"挂在嘴边的人,其实越难成功。因为成功者懂得保持优雅,而隐藏努力的狼狈。就像天鹅在水上轻松优雅地游着,但其实它们的脚在水面下不停运动,只是藏在别人看不到的地方罢了。

哲学家梭罗曾说,光有勤奋是不够的,蚂蚁也是勤劳的,关键要看你为什么而勤劳。这就好比领导向员工要结果:"我凭什么给你发工资?"员工说:"因为我完成了工作目标。"领导就会很高兴地发工资。如果员工说:"我辛辛苦苦干了一个月。"领导就会不高兴,领导就会问:"难道辛苦就得发工资吗?工作计划落实了吗?任务完成了吗?交代的事情办妥了吗?"

因此,你要记住,"没有功劳也有苦劳",这是庸才说的话,优秀的人从来都是用结果来证明自己!

第八章

用合理的制度力驱动高效的执行力

制度合理不合理,对执行有着莫大的影响。合理的制度有助于执行力的提升,而不合时宜的制度必然妨碍执行的落地和实施,阻碍其发挥效力。

1
不到位的执行等于虚设制度

凡是精细的管理,一定是标准化的管理,一定是经过严格的程序化的管理。科学管理就是力图使每一个管理环节数据化。这样的管理才是真正到位的管理,才是具有可操作性和可控制性的管理。制度到位,规则到位,管理才能到位。

国家管理要靠制度,企业管理也要靠制度。而不到位的制度等于没有制度。一个缺乏规则、缺乏标准的企业管理肯定是不到位的。正是基于这一认识,国内某著名公司在召开经销商大会的时候,光规范文件就出台了32份,几乎涉及了会议程序、会议内容、如何接待客人、怎样对待家属、怎样发放礼品、怎样送客回去等每一个细节,同时派专人负责各项工作的落实。

制度、规范和细节完美是整体完美的前提,由于各项细节规则做得比较到位,这次会议开得非常成功,极大地提升了其公司的形象,极大地鼓舞了经销商对其公司的信心。

管理者告诉全公司的员工:每一条跑道上都挤满了参赛选手,每一个行业都挤满了竞争对手。

请看下列企业在细节规则上的功夫：

海尔生产线的十个重点工序都有质量控制台，155个质量控制点都有质量跟踪单，产品从第一道工序到出厂都建立了详细档案。

戴尔电脑公司的CMM（软件能力成熟度模型），软件开发分为18个过程域，52个目标和300多个关键实践，详细描述第一步做什么，第二步做什么。

麦当劳的面包不圆和切口不平都不用；奶浆接货温度要在4摄氏度以下，高一度就退货；一片小小的牛肉饼要经过四十多项质量控制检查；生菜从冷藏库拿到配料台上只有两小时的保鲜期，过时就扔掉。生产过程采用电脑操作和标准操作，制作好的成品和时间牌一起放到成品保温槽中。炸薯条超过7分钟，汉堡包超过19分钟就要毫不吝惜地扔掉。麦当劳的作业手册，有560页，其中对如何烤牛肉饼一项就写了20多页。

麦当劳的烤牛肉饼出炉20分钟内就要卖掉，没有卖掉就倒掉。这就是标准。你想想，要达到这样一条看来是很简单的标准，背后需要做多少细致的工作！比如，客人多而要的又多时，现烤来不及，要让客人等——这是最让顾客头疼的事；客人少而烤的多时，又只好扔掉——这会大大增加经营成本。所以，既要不让客人等，又不多烤而倒掉，一定要对顾客需求经过详细分析、预测，找到一个客人数量与烤肉数量的一个合理的比例，这样才能保证两者不误。这仅仅是烤肉一样，其他食品以及服务还有相应的标准要去执行，可以想见这其中的细节是多么复杂了。

现在，适应加入WTO的需要，大多数企业也开启了SOP——标准作业规范。厦门航空公司曾经发生过一起飞行差错，飞机升空后起落架无法收回。问题处理过后，厦门航空公司写下了第一张SOP，就是所谓的标准作业规范。其中还说明了为何不要忘记起落架上面的插销，因为那次事故就是插销没有拔的缘故。飞机机身有任何地方在维修，都要系上一条红丝带。另外插销要怎么拔，拔了以后要后退几步，手要怎么举起，飞行员怎么看到，大家怎么打手势等等都有十分详细的标准描述。出现任何问题都可以查阅 SOP，找出问题的所在。

在企业的标准化管理中，可以从 ISO 管理系统中看中德企业细节规则上的差距。

ISO 管理中，有一个要求是：企业与客户的合同必须经过评审。审核时，审核员发现客户已经在合同上签名，却没有本公司销售经理的签名。按照程序文件的要求，合同必须要有销售经理签名，所以这是一个不合格项。如果这是一家中资企业，审核员发现问题后，会在"纠正措施"上填写：没有签名的地方补上签名。接下来的过程是销售经理补上签名，再由审核员去验证。这件事情就算完了。

但这种事情发生在德国企业，处理方法就完全不同：发现没有签名，不是简单地让责任人补上签名，而是去查找没有签名的原因是什么，并进行分析。通过分析发现：程序文件上写的是要求销售经理签名，而销售经理经常出差，但合同又不能不签。说明程序文件不具备可操作性，应该修改程序文件为：当销售经理不在时，要授权给代理人。

同样一件事情，由于规则和处理的方式不一样，得出的结果完全不同：前者的责任人是销售经理，后者的责任人是程序文件编写者；前者只是就事论事地做整改，后者却在修改完程序文件之后，还要检查另外还有没有类似毛病的程序文件，如果没有，这个事件才算结束。德国企业就是凭着这种审慎严谨、一丝不苟的做事风格和擅长逻辑分析的特长，成就了戴姆勒、西门子、大众等世界级企业巨头，以及一大批对产品精益求精、有超强竞争力的中小企业，同时也打造了"德国制造"这个几乎成为产品品质保证代名词的大品牌。

通用系统公司有一个规律性的判断：如果全球市场中的1个消费者对某产品或服务的质量满意，会告诉另外6个人；如果不满意，则会告诉22个人。

从这一点来说，凡是精细的管理，一定是标准化的管理，一定是经过严格的程序化的管理。科学管理就是力图使每一个管理环节数据化。这样的管理才是真正到位的管理，才是具有可操作性和可控制性的管理。制度到位，规则到位，管理才能到位。

2

奖惩制度要公平,执行要严格

追求身心的愉悦、逃避身体的痛苦是每个人的本能。企业领导为了激励员工分别设计了奖励和惩罚两种制度,奖励是一种激励性力量,惩罚是一种约束性力量,在奖励和惩罚之间,领导者要运用自如。近来人性化领导大行其道,在这种风气的影响下很多领导者十分重视运用奖励制度,却冷落了惩罚制度。

赏与罚是管人的两把利剑,是领导者统御下属、使用人才的重要手段。有赏就有罚,而且赏罚要分明。

该赏则赏,该罚则罚,公平与适度都需要用心斟酌,否则容易弄巧成拙。赏一人,如果赏赐得当,可激励百人;罚一人,如果惩罚得当,可以儆戒百人。战国时期的孙武把法令执行、赏罚分明,作为判明胜负的两个重要条件。看看他是如何执行法令,做到赏罚分明的:

吴王阖闾为富国强兵,广招贤才。齐国人孙武为避战祸,辗转奔波来到吴国。在吴国隐居期间,他刻苦钻研兵法,经过多年的努力,终于编成了《孙子兵法》，并等待时机，以实现自己的抱负。

吴王阖闾读了《孙子兵法》，很是钦佩，盛赞孙武才华出众，是个难得的人才。吴王想亲自考察一下他的实际才能，便召见孙武。吴王对他说："可以试试练兵方法让我看看吗？"孙武说："可以。"吴王又问："你的练兵方法可以适用于妇女吗？"孙武答："可以。"

于是吴王挑出一百八十名宫女，交给孙武。孙武把她们编成两队，并挑选吴王两个最宠爱的美妃，担任队长。孙武让她俩持着战戟站在队前。孙武对美妃和宫女说："你们都知道自己的前心、左右手和后背的位置吗？"美妃和宫女们说："知道。"孙武说："向前，就看前心所对的方向；向左，看左手方向；向右，看右手方向；向后，就看后背方向。一切行动以鼓声为准，大家都明白吗？"她们都说："明白。"孙武部署已定，又命令士卒扛来执行军法的大斧，他指着大斧反复说要遵守指挥，违者处斩。

战鼓雷鸣，孙武下达了向右转的命令。美妃和宫女不但不听命令，反而嘻嘻哈哈地笑了起来。孙武说："约束不明，令不熟，这次应由将帅负责。"于是重新再三反复做了说明。然后又击鼓，发出向左的命令。美妃和宫女们又一次哄笑起来。孙武说："纪律和动作要领，已讲清楚，大家都说听明白了，但仍旧不听从命令，这就是故意违反军纪。队长带头违犯军纪，应按军法处置。"于是，下令要斩左右队长。

吴王在望云台上看见要杀自己宠爱的妃子，大为惊骇，急忙传令说："我已经领教了将军练兵的高明了，我没有这两个爱妃，饭都吃不下，请不要杀她们吧！"孙武说："我既已受命为将，将在军，君命有所不受。"当即把两个队长一同斩首。又指定另外两位妃子任队长，继续操练。

这时，再发出鼓令，不论向左、向右、前进、后退、跪下、起立，全都服从命令，而且严肃认真。孙武见已训练整齐，就派人报告吴王说："兵已经练好了，请大王检阅。这两队士兵，可任意指挥，即使叫她们到水里火里也不会抗命了。"吴王失去了两个爱妃，心里很不高兴。

事情过后，孙武先向吴王谢罪，接着申述斩妃的理由："令行禁止、赏罚分明，这是兵家常法，为将治军的通则；只有三军遵纪守法，听从号令，才能克敌制胜。"吴王听了孙武的解释，拜孙武为将军。

吴国军队在孙武的严格训练下，纪律严明，战斗力很强。

三国时，曹操说："明君不赏无功之臣，不赏不战之士。"赏罚分明得当，是古今中外一切用人者的根本原则。领导者一定要正确使用赏罚，切莫随心所欲，无原则赏罚。

在一家糖果商店，同样的商品，一个售货员的柜台前门庭若市，另一位售货员的柜台前门可罗雀。为什么会有这样的区别呢？原来前者善于用加法，售货时总是先少放一些，然后再一点一点加够要卖的分量；而另一位则是惯用减法，一下子在秤盘上放上过量的糖果，然后再一点一点减到要卖的分量。两种卖法在顾客心里产生了两种截然不同的影响，加与减的区别最终产生了多与少的错觉。这个故事就是关于奖励和惩罚的问题。

员工不是在真空中进行工作，他们总是在不断地进行比较。不公平会让他们丧失工作的信心和积极性。因此，领导者在设计薪酬体系的时候，成员的经验、能力、努力程度等应当受到公平的评价。只有公平的奖惩机制才能更好地激发下属的工作热情。具体来说，要做到以下几点：

（1）不赏私劳，不罚私怨。意思就是不因对私人利益有功而奖赏人，不因对自己有成见或彼此有隔阂而惩罚人。

（2）有功即赏，对按时按量完成既定目标的员工要进行奖励。海洋馆里的海豚每完成一个动作，就会获得一份自己喜欢的食物，这是训练动物的诀窍所在。人也一样，如果下属完成某个目标而受到奖励，他在今后就会更加努力地重复这种行为。

（3）识别人才，不能只看一时一事，而要看他的全部历史和全部工作，根据人才在各个时期各项工作中的一贯表现，决定对人才的升降使用。这是一种广义上的赏罚。

（4）在团队中，当员工犯错误时，不只是惩罚，还可变惩罚为奖励，达到激励下属的目的，甚至可以达到单纯奖励所不能达到的效果。所谓变"罚"为"奖"，隐含着一个心理因素。

某企业一直计划并放出话来年底要给全体成员发放奖金，时值岁末，因为政策变动临时取消了一些福利，于是有些员工开始阳奉阴违。为了缓解下属的抵触情绪，减少惩罚涉及的打击面，领导决定先对外公布要精简机构，可能大量员工面临被裁的危险。等大家的视线转移到担心自己的工作问题时，领导再出来公布大家都可以留下来继续工作，但奖金等福利措施取消了。变惩罚为鼓舞，让员工在接受惩罚时怀着感激之情，进而达到激励的目的。

（5）赏罚分明体现在职位的安排上，则是要拔能降庸。曹操认为，将士的升迁应以战功为重，不能论资排辈，凡屡建战功而又堪当重任者，就要毫不犹豫地授予重任。公平理论认为，一个人对他的赏罚是否满意不是只看其绝对值，而要进行多方面的考虑。如果奖惩做到了公正合理，下属会感到满意或者服气，从而努力工作，否则就会感到不公平、不合理而影响工作情绪。

总之，领导者要正确地用人，真正调动下属的积极性，必须做到按功行赏，论过处罚，为下属提供一个公平竞争的环境，避免人为的矛盾，只有坚持功奖过罚，才能调动大多数人的积极性。

现代企业更要注重团队的团结协作，单打独斗的个人英雄主义时代一去不复返。因此，公平、公正地对待员工非常重要，功则赏，过则罚，这样才能有效激发出团队的力量，提高执行力。

3

打造企业的"执行文化"

执行力,对个人而言就是办事能力;对团队而言就是战斗力;对企业而言就是经营能力。

很多企业不能做大做强,执行力的缺失就是一个很重要的原因。

如何打造执行力,提高竞争力,是每一个领导必须思考的问题,更是企业持续、健康发展的关键。因此,重点要掌握以下几个方面:

首先,要具备良好的心态。心态是影响执行力的重要因素。有一句话叫作"态度决定一切"。人与人之间只有很小的差别,这种很小的差别往往造成很大的差异。这种小的差别就是态度积极或者消极,巨大差异就是成功和失败。现实中,往往也是失败者居多。主要就是败在心态和观念的消极退让上。

其次,必须培养、提高下属的执行力。中层领导是策略执行最重要的主体。优秀的领导不仅自己具有很强的执行力,还要能训练出一批一流的执行人才。领导如何培养下属的执行力,是企业总体执行力提升的关键。领导者应该把自己与下属的每一次会面看成是一次指导工作的机会，把每一件托付给下属的事当作锻炼下属的机会，把下属的每一次进步当作自己的进步。下属的能力越强，表明自己的能力和执行力也越强。

再次，要有强烈的责任意识和进取精神。身为领导者，要坚决克服不思进取、得过且过的心理，养成认真负责、追求卓越的良好习惯。

每一个企业在发展过程中，都必有其独特的文化雏形，久而久之，就逐渐形成了企业自己独特的价值观、道德观，从而形成一种企业凝聚力，使之推动企业高速发展，达到企业文化之真正内涵。所以，企业文化是企业在工作过程中形成的一种共同的行为方式和价值观，它是企业做事的方式，无论企业规模的大小，凡是企业都有企业文化。

现代企业之间的竞争越来越成为文化的竞争，企业文化对企业的声望影响越来越大，已成为企业竞争力的基石和决定企业兴衰的关键因素。正确认识企业文化，了解企业文化的特征和作用，分析企业文化对企业形象的影响，不断提升企业文化，才能促使企业持续成长。

企业文化是在一定的社会历史经济条件下，通过企业经营活动实践所形成的具有本企业特色的，并为全体成员所遵循的文化观念、经营思想、共同信念、共同意识、行为规范和道德准则的总和。企业文化作为一种社会现象，早已经被人们所认识和重视。

20世纪70年代，世界经济史上最震撼人心的事情就是日本经济的迅速崛起。美国的企业界和管理学界集中研究日本经济的崛起，得出的结论是日本企业形成的以人为本、以企业文化建设为重点的崭新的管理思想在发挥着重要的作用。

当日本首先提出"文化制胜"理论时，世界为之惊诧。而当企业文化发挥出它那无与伦比的效果时，对它的魅力人们不再怀疑。于是一场企业文化大战成为了企业界的新型管理方式，并充斥了现在及未来的所有管理学领域，而且正在世界各国兴起，成为企业竞争、企业发展和社会进步的重要标志。特别是进入21世纪，企业文化在企业发展中发挥了巨大的作用，成为了企业的灵魂，是企业塑造形象的核心。因而也越来越受到关注。

企业文化的建设，一般有如下四个步骤：

（1）建立一个运营团队，调查组织文化的现状，分析组织文化建设的要求，诊断出组织现有文化存在的各种问题，为组织文化定位奠定基础。

（2）分析组织的行业特征、使命、发展远景与战略，通过对组织文化基本要素的界定，对组织文化定位。

（3）提炼出科学、简练、准确的核心价值观，完成组织文化精神层面的建设。

（4）最后是以企业核心价值为中心，对相应的典型人物和典型案例进行宣传，并运用人力资源管理的具体策略，将组织的核心价值灌输到员工的头脑中，体现在员工的行动上，并结合公司战略与目标，形成公司的管理制度体系，构建组织文化的行为与制度层面的建设。

企业文化是企业中不可缺少的，优秀的企业文化能够营造良好的环境，提高员工的文化素养和道德水准，对内能形成凝聚力、向心力和约束力，是企业发展不可或缺的精神力量和道德规范，能使企业产生积极的作用，使企业资源得到合理的配置，从而提高企业的竞争力。

企业文化的重要作用，主要体现在以下几个方面：

（1）企业文化可以把员工紧紧地团结在一起，形成强大的向心力，使员工步调一致，为实现目标而努力工作。企业员工凝聚力的基础是企业的明确目标。如果企业的目标既符合企业的利益，又符合绝大多数员工个人的利益，即是集体与个人双赢的目标，那么这个企业凝聚力产生的利益基础就具备了。

（2）优秀的企业文化，不仅仅对员工具有很强的引力，对于合作伙伴如客户、供应商、消费者以及社会大众都有很大引力；优秀的企业文化在稳定人才和吸引人才方面起着很大的作用。如果条件相同，没有人不愿意去一个更好的企业工作；也没有哪一个客户不愿意和更好的企业合作。

（3）企业文化就像一个无形的指挥棒，让员工自觉地按照企业要求去做事，这就是企业文化的导向作用。企业核心价值观与企业精神发挥着无形的导向功能，能够为企业和员工提供方向和方法，让员工自发的地遵从，从而把企业与个人的意愿统一起来，促使企业发展壮大。

（4）优秀的企业文化无形中对员工起着激励和鼓舞的作用，良好的工作氛围，自然会让员工享受到工作的愉悦。如果在一个相互扯皮、勾心斗角的企业里工作，员工自然就享受不到和谐和快乐，反而会产生消极的心理。企业文化所形成的文化氛围和价值导向是一种精神激励，能够调动与激发员工的积极性、主动性和创造性，把人们的潜在智慧诱发出来，使员工的能力得到全面发展，增强企业的整体执行力。

（5）企业文化本身就具有规范作用，企业文化规范包括道德规范、行为规范。当企业文化上升一定高度的时候这种规范就产生无形的约束力。它让员工明白哪些不该做、不能做，正是企业文化所发挥的"软"约束作用的结果。通过这些软约束从而提高员工的自觉性、积极性、主动性和自我约束，使员工明确工作意义和工作方法，从而提高员工的责任感和使命感。

（6）一个好的企业文化，可以带动企业的健康发展，员工的积极性调动起来，工作起来更有热情，同时提高了生产效率，为企业效益的提高，注入了新的力量，企业文化建设对企业的好处不言而喻。

共同的价值观念使每个员工都感到自己存在和行为的价值，自我价值的实现是人的最高精神需求的一种满足,这种满足必将形成强大的激励。在以人为本的企业文化氛围中,领导与员工、员工与员工之间互相关心,互相支持。特别是领导对员工的关心,员工会感到受人尊重,自然会振奋精神,努力工作。

另外,企业精神和企业形象对企业员工有着极大的鼓舞作用,特别是企业文化建设取得成功,在社会上产生影响时,企业员工会产生强烈的荣誉感和自豪感,他们会加倍努力,用自己的实际行动去维护企业的荣誉和形象。

4 执行需要遵循一定的流程

无论做什么事，都有一个先做什么、接着做什么、最后做什么的先后顺序，这就是做事的流程。我们经常说某人能办事，某人善于做事，是说他们办事有方法，比别人做事更有效果。

任何组织和个人，想要执行到位，就必须重视流程的作用。如果没有指定出可行的流程，执行工作就无法到位。很多工作执行不到位，就是因为不按照流程办事造成的。

流程不仅仅是做事的程序，它还包括工作的标准、工作的权限、公司的制度等一套体系。

有一次，拿破仑打完仗之后去安慰伤残士兵，士兵有瘸腿的、有眼睛瞎掉的，还有耳朵震聋的，等等。拿破仑说："非常感谢各位，你们为国家做出了这么大的牺牲，但是你们不能再打仗了，明天你们就退伍回家养伤吧。"这些老兵打了一辈子仗，对战场有感情了，对拿破仑也有感情了，他们说："将军，我们回去之后，干什么都不行了，废人一个了，耳朵聋了、腿瘸了、眼睛瞎掉了，回去不能干活了，我们还想打仗。"

拿破仑说："你们还想打仗？"

"是啊，还想打。"这些士兵异口同声地说道。

"你们要还想打，我就继续用你们。"拿破仑说。

第二天，他把这些人召集在一起，重新分配岗位，他让耳朵聋掉的人去放炮，盲人晚上值夜班、放哨，让截肢的人守城墙。

据心理学家说，一个人在某方面的功能丧失之后，另一个方面的功能会特别发达。眼睛看不见东西，耳朵就比较灵敏；下肢没有了，上肢就比较发达。每个人总有适合自己的岗位，这个也是流程。

公司制定的流程规定了某项工作先干什么、后干什么，谁在那个岗位上、下个岗位的人是谁、怎样办交接等等。但是有的工作人员自由惯了、散漫惯了，无视公司的规定，自己想怎么干就怎么干。显然，这样无序的表现，其结果只能是坏事，而不能成事。

每一个岗位都应该有一个上级领导，领导对你每天的工作要有监督、要有检查、要有控制。如果没有限制、没有约束、没有控制，必然会成为一盘散沙。海尔的一位部长说了这样一句话：领导站着下属就坐着，领导坐着下属就躺着，下属永远比领导低半头，要经常抬头看领导怎么做，而不是听领导怎么说。所以说每一个岗位都应该有控制，首先自己要自律，光自律不行，还要有他律，他律就是控制。

由此看来，一定要加大监督检查的力度。比如，任务交办单就是个工具：安排什么工作、谁去干、什么时间干完、干到什么程度算达标；如果在规定时间之内没有干好该怎么处罚，干好了之后怎么去奖励。如果是三个部门干，哪个部门先哪个部门后，再到哪个部门，然后在规定的时间要进行检查、监督，三项缺一不可。这样，流程就出来了，就能相互配合得很好。然而，流程顺畅了，如果管控不力、奖罚不当照样没有执行力。

讲一个细化执行的小故事：

有六个老人经常在一起，关系很好。有一天，一个老人建议：明天我们每人从家里拿一壶酒，要拿家里最好的酒，然后找一个大缸把酒倒进去，搅拌一下，看看好酒放在一起是什么滋味。其他几个老人都说很好，这个办法不错。

其中有一个人，晚上躺在床上就琢磨开了：明天六个人，他们五个都是拿酒，我一个人就提壶水倒进去之后他们也都不知道。他决定明天就提一壶水去。

第二天，他们都拿着酒来了，都倒进去之后，用勺子舀起一喝，一点酒味都没有。那几个老人一个个都皱着眉头，还一个劲儿地说好酒，都怕被揭穿。原来他们几个人都想到一块去了：这几个人没有一个拿酒的，全部拿的是水。

这个故事就是个形象的案例，靠个人自觉，结果就是一缸水，这就是不按流程办事的结果。所以说，要想执行到位，遵循必要的流程是必要、必需的。

5

提升团队执行力,强化整体执行效果

团队执行力就是将战略与决策转化为实施结果的能力。许多成功的企业家也对此给出过自己的定义。通用公司前任总裁韦尔奇先生认为所谓团队执行力就是"企业奖惩制度的严格实施"。而著名企业家柳传志先生认为:团队执行力就是"用合适的人,干合适的事"。综上所述,团队执行力就是:"当上级下达指令或要求后,迅速做出反应,将其贯彻或者执行下去的能力。"

有一个新任的仓库经理到职之后,发现仓库管理极为混乱,单据不清,账目混乱,仓库随意进出。他到了公司之后就一头扎到仓库现场指导仓库人员的工作。每天从早忙到晚,问题多的数不清。

有一次,一个其他部门的同事说:"你做的那么辛苦,为什么不发动仓库的员工提合理化建议呢?大家一起努力把仓库搞好,这不比你一个人累死累活好得多吗?"那个仓库经理笑了笑,说会考虑这个问题,但是却没有真正提倡合理化建议。

六个月之后，仓库的情况得到了很大的转变。这个经理被调去别的部门，他提拔了自己的一个手下接管仓库，同时要求这个新提拔的仓库经理以后在仓库推行合理化建议。这让新仓库经理很吃惊，很疑惑不解地问："我记得当初就有人建议我们仓库搞合理化建议，为什么当初你没有实行。现在要我在仓库推行合理化建议呢？这不是前后矛盾吗？"

原来的仓库经理解释说："当初我刚到仓库的时候，问题成堆，而且仓管员普遍都没有做过仓库管理工作。如果他们真有仓库规范操作的知识，也不至于让仓库乱成一团。在那种时候，我如果让仓管员提合理化建议，估计也提不出来什么很有价值的合理化建议。退一步来说，就算他们提的建议很合理，对我有帮助吗？我当时既要纠正仓库的种种错误做法，又要培训仓管员，组建仓库的骨干队伍。自己知道要做的工作都做不完，我还需要谁来给我提什么合理化意见去改善呀？我那个时候最需要能够贯彻我的管理思路的人，能切实执行下去的人，而不是那种能够提出改善意见的人。而且如果别人真提了合理化建议，由谁来审查这些合理化建议呢？当时根本就没什么可用的人，如果我自己来审，我的工作量就更大了。

"现在你上任了，情况大不一样了。现在仓库已经基本上理顺了。你也有很多精力考虑如何进一步提升仓库的工作了。但是你的问题在于，自己并没有很多的仓库管理经验，如果仅仅靠你自己，仓库后续的改善估计也不好做。现在你发动大家来帮你想办法，弥补你仓库管理经验不足的问题倒不失为一个好办法。所以，我建议你在仓库推行合理化建议。我不觉得这是前后矛盾的做法，关键我们两个人面对的实际情况不一样，我们做经理的时机也不一样。所以采取的策略也没有必要一样。"

懂得根据企业、自己的实际情况做出适当的选择，懂得利用合适的时机，懂得在短期利益和长期利益之间平衡，这样才能确立正确的工作目标。这是做正确的事情的前提。

一个员工的执行力好不好，决定于他的意愿。员工最大的痛苦就在于对现在的公司不满，然后自己还不够好，找不到更好的公司上班。所以，要让他们有意愿地去做事，就是帮助他们达到他们所想要的。

团队的精神要能配合，就会有凝聚力。团队不在于完美，而在是否有战斗力，一个有战斗力的团队不会差到哪去。

在犹太人的传说中有一个关于"折箭"的故事：

很久以前，希腊国的国王有三个儿子。这三个小伙子个个都很有本领，难分上下。可是他们自恃本领高强，都不把别人放在眼里，认为只有自己最有才能，平时三个儿子常常明争暗斗，见面就互相讥讽，在背后也总爱说对方的坏话。国王见到儿子们如此互不相容，很是担心，他明白敌人很容易利用这种不睦的局面来乘机击破，那样一来国家的安危就悬于一线了。国王一天天衰老，他明白自己在位的日子不会很久了。可是自己死后，儿子们怎么办呢？究竟用什么办法才能让他们懂得要团结起来呢？

一天，久病在床的国王预感到死神就要降临了，他终于有了主意。他把儿子们召集到病榻跟前，吩咐他们说："你们每个人都放一支箭在地上。"

儿子们不知何故，但还是照办了。国王又对大儿子说："你随便拾一支箭折断它。"大王子捡起身边的一支，稍一用力箭就断了。国王又说："现在你把剩下的两支箭全拾起来，把它们捆在一起，再试着折断。"大王子抓住箭捆，折腾得满头大汗，始终也没能将箭捆折断。

这时国王语重心长地说道："你们都看得很明白了，一支箭，轻轻一折就断了，可是两支合在一起的时候，就怎么也折不断，只有三个人联合起来，齐心协力，才会产生无比巨大的力量，战胜一切。这就是团结的力量啊！"儿子们终于领悟到了父亲的良苦用心。

  个人的力量再大，也不如团队的力量大。而且，现在单枪匹马成就伟业的时代已经不合时宜了，一个好汉还要三个帮，只有借助集体的力量，才有可能把事情做成、做大。一个团队如果整体执行力强，那么这个团队就有强大的竞争力，就可能成就大业绩。

第 九 章

有效提升执行力尽显制度张力

制度的作用如何显现？又通过何种方式显现？答案是执行力的有效性。执行力的有效提升会尽显制度的作用和魅力。

1

把命令执行下去是硬道理

中层领导是组织机构的中坚力量,他们的执行力大小决定着一个组织的兴衰,也决定着组织执行力的强弱。精明强干的领导会克服一切困难而坚决地贯彻上级的命令或指示,并且在执行过程中能有效化解一切负面因素。

在执行的过程中,命令最为常见的传递形式,可以是文件间接下达,也可以是口诉的形式直接下达。"有令必行"是执行工作的最大通则。如果在执行过程中,命令被打了折扣,一定达不到预期的效果。这样的打折现象在企业管理中是经常有的。

作为一名领导者,如果你的命令被下属在执行中大打折扣,就意味着你的工作受到了干扰和阻碍,那么在关键时刻很可能会影响到大局,更谈不上执行的效果。对此必须正确对待,毕竟让命令执行下去才是硬道理。

发布命令不只是白纸黑字,是领导和管理者威严的表现。如果命令是正确的,就要让下属严格执行。同样,管理者发布的命令也要合理、正确和恰当，因为只有正确的命令才是最有效的命令，作为管理者，应该更为明白。否则，在工作中就会走弯路，甚至南辕北辙。

如何才能让下属更加彻底地执行命令呢？一般来说，就是一定要掌握向下属下达命令的技巧和方法，在下达命令的过程中向下属传达一种信念：命令不允许打折扣。领导必须学会如何运用领导手段让下属心甘情愿地为自己效力，使下属既尊重自己又服从自己。命令就是命令，没有任何缓和的余地。

对企业而言，要随时服从于市场。相同条件下，谁的反应快，交货期短，谁就能在激烈的市场竞争中争得主动，赢得订单；反之，就会失去用户，失去市场。而做企业的一名员工就要服从企业，反之不适应企业的发展，就可能被淘汰出局。

对个人而言，服从上级指挥，令行禁止，是每个人的工作原则。原则上，下级对上级的命令必须服从，而不能因为自己认为是不正确的或不公正的就不服从。一般情况下，下级无权判断上级的对错，上级的对错由上级的上级来裁定。

在很多企业的日常生活中，经常存在着有令不行、有禁不止等现象。造成这种现象的原因有多种，其中最根本的一点就是没有很好地遵循服从的原则。所以，要保证企业以良好的状态朝前发展，就必须严格遵循服从的原则。

现在流行的管理理念是强调个人，强调主观能动性，而不是执行和服从。没有服从理念的公司是没有发展前途的，所有团队运作的前提条件就是服从。可以说，没有服从就没有一切，所谓的创造性、主观能动性等都在服从的基础上才成立，否则再好的创意也推广不开，也没有价值。

企业里面如果思想不统一，每个人都有自己的想法，这就像很多匹马拉的马车，没有统一的指挥，每匹马都有自己的方向，车原地不动，或者在倒退。还是要有赶车的人，统一群马的方向，群马服从指挥，马车才能前进。

企业就像一架精密的机器，其运转是由其内部的各部件共同分工协作来完成的。企业的每一部门，正是其中的每一零部件。企业的命令是从上至下逐级下达的。其中任何一级出错，都会给命令的顺利执行造成影响。命令无法完成，会给企业造成大的麻烦，影响企业的发展。所以，企业中的各级部门，只有严格地服从命令，才能使企业工作有序进行，才能推动企业稳步发展。

企业要把服从作为核心理念来看待，服从是第一生产力。每个人都要有意识地服从老板、服从上司。如果有不同意见，可以在没做决策前，提出建议，事情一旦决定了，就要服从决定，虽然这个决定违背自己的意愿，也要"服从"。"令行禁止"的企业才有高效率，才有竞争力。所有这一切的起点就是每一位员工都必须遵守规章制度，都必须很好地听从上级的指示与安排。

任何一个企业都有自己的短期目标、中期目标和长期目标，都有自己的经营战略。这些目标与战略并不是由某个人一下子就能完成和实现的，目标要进行细分后逐步实现，企业的经营战略也要分期、有序地完成。在企业的规则当中，细分目标和战略通常以命令的形式逐级下达、逐级部署的，这时就必须遵循服从的原则，才能保证企业总体目标与战略的实施和实现。

2

忠诚是严守制度的灵魂

唐太宗曾说过:"水能载舟,亦能覆舟!"可见水的力量多么强大,企业好比舟,员工好比水,由此可见员工对于企业的发展多么至关重要。

企业求生存求发展,离不开本身的硬实力,譬如资本、固有的经营设施和相关的社会支持等等。更离不开自身的软实力。那是什么样的软实力呢?为何它就能够影响企业的发展呢?答案是员工的忠诚!

很多企业在员工的入职培训中,不断强调工作技能的重要性,往往忽略了一个问题,那就是如何增强员工对企业的忠诚度。员工是企业的一大笔无形资产,员工的流动性过于频繁,会相应地增加一定的人力、财力、物力等方面的损失。如果一个企业能得到一批忠诚的员工,就相当于有了一群守护天使!他们在企业的奋斗过程中为之保驾护航!企业还会失利吗?

那么,员工的忠诚具体体现在那些方面呢?忠诚从我们成为人的那一天就开始了,对这个社会忠诚,对国家忠诚,对爱人忠诚,对自己的工作和事业忠诚,才会实现一个人最丰富的人生。

在越来越激烈的竞争中，人才之间的较量，已经从单纯能力对比延伸到了品德方面的对比。在现代企业中"人"已经成为竞争力的一部分，企业竞争归根到底就是人的竞争。

现代企业的经营风险比传统企业更大，作为企业的员工有义务对企业所做的决定提出自己的真实想法，并且忠诚地执行企业的决定。忠诚对于一个企业而言，意味着最低程度的风险。忠诚就是一种责任，而责任往往能造就忠诚。忠诚是对责任的坚守，忠诚也是对使命的坚决承担。

员工的忠诚对于一个企业而言有着非凡的意义和价值——这是企业制胜的法宝，是企业能够在激烈的竞争中保持岿然不动姿态的坚实根基。

甲乙两个公司进行一次商业谈判。两个公司都有自己的底线，但是他们没有轻易亮出，谈判一直在僵持中。甲公司的谈判助理得知丙公司和丁公司也已经介入后，建议谈判副主席拉拢乙公司的谈判人员，占得先机。

谈判副主席对此不同意，认为这样做违背公平竞争的原则。最后，谈判主席，也就是这家公司的副总裁认为可以试一下。谈判助理制定好计划就开始了运作。然而，事情出乎他的意料，他遭到了乙公司谈判人员的坚决拒绝。当他把这个消息告诉自己公司的谈判主席时，谈判主席却笑了，并且点点头。

忠诚是一个员工必备的素质，哪个公司都希望自己的员工是一位忠诚于自己公司的人，忠诚也被列入员工各项能力的首要位置。

一名合格的员工，首先得是一名忠诚的员工；公司是海，员工就是水，海可以容纳无穷无尽的水，但是一旦离开了水，海也就不能称之为海了，因此海必须拥有容纳水的肚量，这就要增强海的凝聚力。也就是说，公司必须具备海的容量，才能吸引大量的员工。

有一部关于忠诚的电影《忠犬八公》，故事发生在日本。日本的上野英三郎是东京大学农业系的教授，他养了一只秋田犬名字叫八公，两人在相处的日子里产生了深厚的感情，每天八公都目送上野先生去上班，每天下午的那个时刻总是在火车站的出站口等待主人的归来。可是，有一天上野先生由于突发重病而没有出现在出站口，八公依旧在那个出站口等着主人。

上野逝世后八公由小林菊三郎收养，但八公却不明白主人永远地离开了，它每天还是在那个时刻准时出现在出站口等待主人的归来。主人是不会回来了，但八公却始终有一个信念，主人没有离去而且很快就会回来。就这样，日复一日、年复一年，八公一直等待了十年。不管是晴空万里还是暴风骤雨，始终没有间断过。人们被八公的这种"忠诚"而感动，为了能让这个感人至深的故事流传下去，人们还在涩谷车站前为八公树立了铜像。八公也出席了铜像的揭幕式。此后，铜像附近的车站入口就被称为"八公入口"。

2009年八公的故事被搬上了银幕，把主人和八公的故事，淋漓尽致地展现在公众眼前，这样一个小成本的电影，当时不仅带来巨大的收益而且对公众起到了很大的教育意义。

当下社会是一个被物欲和情欲腐蚀的社会，人与人之间缺少的正是这种忠诚的感情。"八公精神"反映了人们对忠诚回归的渴望。

如何提高员工对公司的忠诚度，这是每一个领导者都需要考虑的问题，只要把握好度，使得员工对公司有一种家的认同感，相信每一位员工都会是忠诚的！但是也不能否认有个别的员工在金钱与利益的驱动下，做出有损公司的事情。

考虑问题应该顾及两面，员工为企业工作，应该是一个互惠的过程，员工在工作的同时也是在满足自身生活的需求。在不能满足自身需求的情况下，员工如何对公司忠诚。

所以在考虑到公司的实际情况下，多给员工一点照顾，使得员工对公司的认同进一步提高，也就是使员工对公司更忠诚一点。

3

制度执行要学会变通

新制度制定后一般都会遇到阻力。制度执行时的阻力主要来自于以下五大方面：

（1）新制度改变了长期以来公司形成的习惯。例如，高层领导的分权制度详细规定了领导的分工，可是在实际工作中，级别高的领导总是向级别低的"越界"。这时，下属经过若干次小心修正后，心里才能形成自己认为的"惯例"。没有谁不知道惯例与制度之间的偏差，但是包括"越界"的领导和下属都没有人说出来，结果发现这样的制度执行到后来，大家办事都不依靠制度而依靠"惯例"。

（2）来自"哥们义气"的阻力。在公司总会有几个和老板有着某种特殊关系的人。中国人的传统关系有一种很强的江湖义气色彩，特别是中青年男性之间的关系上，很多时候都带有一种类似于《水浒传》或者是《三国演义》中描写的那种"讲哥们义气"情结。这种关系如果只是发生在个人之间关系不大，但是对于一家公司来说，这种"讲哥们义气"的危害就会显现出来。

（3）来自老板的亲属阻力。小企业在起步阶段，一般人不多，而且大部分的员工都是熟人，不是这个熟人介绍来的就是那个熟人介绍来的，谁都不好得罪。这个时候，明智的老板会制定一套制度，以消除这种不利的影响。所有老板的初衷都是一样的，唯一不同的是对制度的坚持与否。一直坚持下去的老板得到了越来越多的客户，而坚持不下来的公司命运就可想而知了。

（4）既得利益者的阻挠。在新的制度没有实行的时候，他们过得很好，生活工作都很悠闲。可是新的制度实行之后，自身的利益受损，这些人就会想尽一切办法制止或者抵制新制度的实行。

（5）管理者本身的惰性。比如，一家工厂规定所有住宿员工10点必须关灯睡觉，否则罚款。可是很多员工半夜12点都还在聊天，一开始领导还督促，但是时间一长，领导也麻木了，不去天天督促他们睡觉了。这个制度慢慢地也就成了废纸一张。

作为制度制定者和领导者一定要了解这些制度执行的阻力来源，并能够针对这些阻力采取变通解决的方式，以让执行顺畅。

制度谁都能定，而且还能制定得很完善，但是为什么有些人能做成大企业，有些人的企业就倒闭了呢？能否把制度坚决执行下去是很大的原因。

某五星级酒店的总经理最近总是很苦恼，因为酒店的客人经常将刚刚使用了一点点的沐浴露和洗发液整瓶地带走，这样大大增加了酒店的成本，可是始终找不到解决的方法。在房间里放了说明，没有效果。客人退房时查房，发现客人带走了沐浴露和洗发液就罚款或者让客人拿出来，当时有用了，但是却大大降低了顾客的入住感受。可谓得不偿失。有没有一种方法可以既不影响客人的感受，又能减少类似的情况发生呢？总经理向全酒店征集方案。

最后，总经理收到很多方案，有一个方案令他眼前一亮，遂采纳之。果不其然，这个方案在实施过程中达到了非常好的效果。没有客人对此不满，客人带走沐浴露和洗发液的概率也大大降低。什么方法这么神奇呢？你能想得到吗？

客人会将沐浴露和洗发液带走，那是因为产品质量确实很好，他们很喜欢。而且带走的成本是零，零成本获得收益是每个人都会去做的事情。可是一旦没有了盖子，就等于在事实上告诉客人，这个是在这里使用的，不可以带走的，而且想带走就没那么容易了，因为要想办法找东西堵住瓶口，这样即使最后成功了也会让人觉得太"处心积虑"和过于"贪图小利"。住五星级酒店的人都是有一定地位的人，谁也不希望自己被看成不择手段来谋求小利的人。所以带走沐浴露和洗发液的人自然就少了很多。

4
关注细节才能更好地提升执行力

中国自古并不缺细节教育，比如《论语》中"小不忍则乱大谋"；老子"天下难事，必做于易；天下大事，必做于细"；"不积跬步，无以至千里；不积小流，无以成江海"。《三国志》中"勿以恶小而为之，勿以善小而不为"；宋代文学家欧阳修告诫世人"夫祸患常积于忽微"；"千里之堤溃于蚁穴""防微杜渐"这样的词语不胜枚举。

有一首《钉子》歌谣："丢失了一个钉子，坏了一只蹄铁；坏了一只蹄铁，折了一匹战马；折了一匹战马，伤了一位骑士；伤了一位骑士，输了一场战斗；输了一场战斗，亡了一个国家。"或许，人们会不在意一些小事，认为一个渺小的钉子如何与一个国家相提并论。事实是：正如一部文学作品中，最有个性、最精彩、最能体现一个作家水准的往往是细节描写一样，关注细节正体现出我们有更科学的思想、更务实的精神。

细节管理最大的困难在执行方面，正如《细节决定成败》一书中说的："中国绝不缺少雄韬伟略的战略家，缺少的是精益求精的执行者；绝不缺少各类规章制度、管理制度，缺少的是对规章制度不折不扣的执行。"

很多人都会有这样的感触，注重细节和执行力强的员工总是属于非常稀缺的，很多任务往往都会由于细节没有做到位或者是执行力太差而导致最后功亏一篑。

其实仔细想想看，这是非常正常的，优秀的人总是少数，20/80法则基本适用于任何地方。在现代社会的竞争中，个人和企业的细节和执行力是至关重要的。

领导的责任感、能力知识水平直接影响执行力，但执行力得以体现的唯一途径就是管理，只有在管理中执行力才能得到提高，而只有在管理中落实细节，才能有效提高执行力。那么，如何在工作中落实细节管理呢？

在大学里，一位学生有没有佩戴校徽是细节；一名学生随便丢弃一张废纸是细节；一个水龙头在滴水是细节。教师的生日到了，若在她上完课后回到办公室，发现自己的办公桌上有一枝鲜花和一句祝福，这会让这位老师在这一天里，都是幸福的。学校对教师进行表扬时，都用红纸张贴表扬榜，让表扬及时到位；而批评则采用含蓄手法，通过个别谈话进行沟通，这些都是细节。

关注细节，不是放大平常的琐事，而是为了更科学的管理，是为了管理的系统化、精细化。只有关注细节，才有可能做到精细化管理，体现精细化管理，这些都是态度问题。我们要端正态度，不忽视任何小事，精益求精的态度才能真正提高执行力和提升管理水平。

细节是战略的具体步骤的体现。有的卖场，销售人员懒懒散散的，客户进来爱理不理，那就不要幻想有好的业绩。概念再新、广告打得再多，都是没用的。企划和执行的互动是非常重要的。每一天完成现场工作后，还有很多事情要做。要分析数据，了解什么产品卖得好，原因在哪里。要决定下一步怎么走，是继续坚持还是改变路线？还剩下些什么产品？所有这些细节都是很关键的。但如果执行层面不能很好地把这些环节做好，只是一味地按企划做，销售只知道执行，那就是瞎子摸象。

关注细节不是管理中最重要的环节，最重要的是如何解决细节问题。比如说办公场所的整体卫生总是不尽人意，总是有一些废纸、纸巾、食物的包装袋、牛奶盒子，卫生死角总是不干净。大部分人一般会认为这是员工卫生习惯的问题、社会大环境的问题。从一定的角度看，卫生问题主要是领导的问题，领导没有充分发扬主人翁的精神，对一些细节问题有视无睹，没有真正去找出造成细节问题的根本原因，也就是说没有去挖掘细节，造成了解决细节问题的惰性和无奈。

一件事情的细节常常会随着时间、地点、对象的改变而改变，所以我们要不断关注细节、重视细节、挖掘细节。

细节工作落实是根本保障。对于管理人员来说，有效的工作方法，要一竿子插到底。只有这样你才能发现工作中存在的细节问题。要做到有布置、有督促、有检查。说到底，所有工作起点要靠管理人员来落实，对于领导的细节管理，必须成为考核其工作是否称职的主要条件之一。

任何一件大事都是由若干细节组成的，只有注重细节，追求完美，才能最终将事情做好。我们在工作中常常借口时间、精力有限而顾不上细节，认为其无关紧要，可是后来发现，正是这些看似无关紧要的细节牵动了大局。做任何事情都需要聚少成多，离不开细节的积累，所以在工作中必须克服心浮气躁、急于求成的毛病，从小事做起，一丝不苟，善始善终，把每一件小事、每一个细节做到完美。

5

实践好"严、实、快、新"四字要求

执行力强不强,到不到位,跟执行者的态度与能力有莫大的关系。态度不端正,就会在实施时,要不就不执行,要不就执行力大打折扣。

执行不力分为两种情况:一种是违抗命令,坚决不执行,跟决策者大唱反调;另一种是口口声声说一定执行好,请领导放心,而实际上却阳奉阴违。你说你的,我做我的,或者说一套,做一套,不把命令放在眼里。执行力大打折扣也分为两种情况:一种是能力不足,导致执行失误,或者执行不力;另一种是得不到有效的支援与配合,致使执行效果差。

理想与现实之间的距离,有时是天壤之别,正所谓理想很丰满,现实很骨感。理想要想拉近与现实之间的距离,必须去落实,去执行,才能缩小差距,变成理想与现实的统一体。要提高执行力,必须要克服议而不决、决而不用、光说不练的做法。

一个人的执行能力也很重要,执行能力强的,会按照领导的要求一丝不苟地完成工作。而执行能力不行的,就算领导交给其很简单的工作,也很可能完成得不好,甚至南辕北辙。所以,领导在强调执行力时,要选用那种态度端正、执行能力强的人去执行决策与命令。

执行力是企业竞争力的核心,是把企业战略、规划转化成为效益、成果的关键。要做到有效执行必须在工作中落实好"严、实、快、新"四字要求。

(1)着眼于严,积极进取,增强责任意识。责任心和进取心是做好一切工作的首要条件。责任心的强弱,决定执行力度的大小;进取心的强弱,决定执行效果的好坏。

因此,要提高执行力,就必须树立起强烈的责任意识和进取精神,坚决克服不思进取、得过且过的心态。把工作标准调整到最高,精神状态调整到最佳,自我要求调整到最严,认认真真、尽心尽力、不折不扣地履行自己的职责。决不消极应付、敷衍塞责、推卸责任。养成认真负责、追求卓越的良好习惯。

(2)着眼于实,脚踏实地,树立实干作风。天下大事必做于细,古今事业必成于实。虽然每个人的岗位可能平凡,分工各有不同,但只要埋头苦干、脚踏实地就能干出一番事业。

因此,要提高执行力,就必须发扬严谨务实、勤劳刻苦的精神,坚决克服夸夸其谈、评头论足的毛病。真正静下心来,从小事做起,从点滴做起。一件一件抓落实,一项一项抓,干一件成一件,积小胜为大胜,养成脚踏实地、埋头苦干的良好习惯。

(3)着眼于快,只争朝夕,提高办事效率。要提高执行力,就必须强化时间观念和效率意识,弘扬立即行动、马上就办的工作理念。坚决克服工作懒散、办事拖拉的恶习。每项工作,抓紧时机、加快节奏、提高效率。做任何事都要有效地进行时间管理,时刻把握工作进度,做到争分夺秒,赶前不赶后,养成雷厉风行、干净利落的良好习惯。

(4)着眼于新,改进工作方法,提高效率。只有改革,才有活力;只有创新，才有发展。面对竞争日益激烈、变化日趋迅猛的今天，创新和应变能力已成为推进发展的核心要素。

因此，要提高执行力，就必须具备较强的改革精神和创新能力，坚决克服无所用心、生搬硬套的问题，充分发挥主观能动性，创造性地开展工作、执行指令。

在日常工作中，要敢于突破思维定式和传统经验的束缚，不断寻求新的思路和方法，使执行的力度更大、速度更快，养成勤于学习、善于思考的良好习惯。

在企业中领导所想的和员工所想的，往往不能得到有效的统一。执行力缺失，使领导者的很多工作都白做。

那么，企业如何避免出现执行力缺失呢？培养企业"执行文化"，是很重要的方面。落实好"严、实、快、新"四字要求就是一项重要的企业文化，它要求所有有利于执行的因素都要予以充分而科学地利用，所有不利于执行的因素都立即排除，以一种强大的监督措施和奖惩制度，促使每一位员工全心全意地投入到自己的工作中，最终使团队形成一种注重现实、目标明确、简洁高效、监督有力的高效执行力。

6

提高中层领导的执行力

一家企业被另一家企业收购后，被收购企业的领导翘首期盼，希望新东家能够用先进的管理经验和理念来指导他们，让老企业起死回生。新东家的领导到这家企业看了一圈，把原有制度拿出来看了看，说："把以前制定的制度坚定不移地执行下去。"不到一年时间，这家并购企业就起死回生了。

这说明了什么？说明了这家企业之所以频临倒闭，问题不在于制度，而在于执行。

企业战略与现实之间有道鸿沟，使企业目标难以达成，这道鸿沟就是企业的执行力。缺乏执行力是今天企业管理最大的黑洞，也是企业面临的最大挑战。

美国ABB公司董事长巴尼维曾说过："一位领导的成功，5%在战略，95%在执行。"具有出色的执行力，是成为合格领导的重要通行证。一名合格的领导至少应具备两种精神和五种能力：两种精神——敬业精神和团队精神；五种能力——学习能力、执行能力、组织协调能力、视野能力和决策能力,这几点缺一不可。

市场充满竞争,在大多数情况下,企业和其竞争对手间的差别就在于双方的执行能力。如果对手在执行方面比你做得更好,那么他就会在各方面领先。企业要想成功,不仅要有好的策略,而且还要有相当高的执行力!有关调查表明成功的企业,20%靠制度,60%靠企业各层领导的执行力!很多企业已经认识到"执行"的重要性,并以"执行"的好坏来判定企业或个人的能力高低。

执行力是一种能力,是内涵广泛、包罗万象的各种学科、方法、思想的概括。但领导在其中所起的作用非常巨大,他就像一个火车头,有意识地对企业进行引导,从而使"执行"成为一个企业的核心元素。领导如何提升个人执行力并培养部属的执行力,是企业总体执行力提升的关键。

如果企业里的每一个员工每天能多花十分钟时间替企业想想如何改善工作流程,如何将工作做得更好,那么,企业的策略自然能够顺利良性地执行下去。

如何让员工心悦诚服地自愿多用心,将工作执行得更好呢?关键就在企业是否拥有良好的执行力。

一个好的领导,他的执行力往往能够弥补策略的不足,而一个很完美的策略也会死在没有执行力的领导者手中。一个合格的领导者,很重要的一点表现就是重视对部属执行力的培养,企业执行力的提升应该是整个企业所有领导和员工执行力的提升。领导亲身参与企业的运作,对于企业的营运细节了解得愈多愈好,优秀而卓越企业的领导无一不是对本身业务知之甚全的。

中层领导是联系高层领导和基层员工的桥梁和纽带,他们既是执行者又是领导者,他们工作的质量直接影响着公司整体的工作水平。那么,中层领导如何切实有效地提高自己的执行力呢？

（1）思想上重视。正确理解公司高层领导的理念，做好一个传播者。在接受命令时，一定要正确理解领导的意图和初衷，不能不懂装懂。完全理解接受后，要把正确的理念灌输到下属中去。不要让企业的决策方案在执行的过程当中，标准渐渐降低、甚至完全走样的事情发生。如果是这样的话，越到后面离原定的标准越远，自然也就背离了领导的意图和目的。

（2）加强责任心，对工作要有耐心、恒心和毅力。领导在执行的过程中，对工作一定要有耐心、恒心和毅力，否则将会出现企业的计划在执行过程当中，经常延误，有些工作甚至不了了之的现象，从而严重影响计划的执行。

（3）加强自身思想素质和业务能力。部门工作是需要整体协作来完成的，中层管理人员则需要做好指挥和指导工作，因此，中层领导需要加强自身思想素质和业务能力，以身作则，给下属树立形象和榜样。正所谓，什么样的领导带什么样的兵。

（4）注重工作力度。中层领导工作一定要有力度，日事日清，日清日高，能今天完成的工作就不要留到明天去做，克服自己和下属的懒惰和侥幸心理，提高工作效率。同时，要注意工作的连续性，做事要有始有终，避免工作虎头蛇尾而影响成效。

作为一个中层领导，一定要具备计划和总结的能力。做任何工作都要制定计划，并尽可能的详尽，把各项任务按照轻、重、缓、急列出计划表，然后分配下属来承担。领导还要掌握每项工作的进度，做到心中有数。

总结是相对计划而产生的，也同样重要，有总结才有提高。领导需要定期总结自己和部门的工作，评价工作计划完成情况，发现自己和部门存在的问题和不足,制定补救或整改措施。

中层领导一定要有控制能力,加强检查、监督工作,确保工作计划落实。工作中,要注意控制的方法和力度,控制过严有可能出现员工口服心不服的现象,而控制不力则可能导致工作纪律难以维持,从而失去了领导的威信和权威。领导提高执行力不是一蹴而就的事情,需要在以上或更多的方面来努力,以保证企业各种方案的成功实施。

7

领导的执行力就是说到做到

曾子的妻子到集市上去，儿子哭着闹着也要跟着去。妻子不让去，就对儿子说："你先回家，我们回来杀猪给你吃猪肉。"

妻子从集市上回来，曾子就要捉猪去杀。妻子劝阻说："只不过是跟孩子开玩笑罢了。"

曾子说："对孩子，可不能跟他开玩笑啊！小孩子没有思考和判断能力，要向父母亲学习，听从父母的正确教导。现在你欺骗他，儿子就不再相信自己的母亲了，这不是教育的方法。"于是曾子就杀猪煮肉给孩子吃。

这个故事就是说人要讲究诚信，要说到做到。承诺的事，就要努力去做到。

领导者要做好员工的带头人，才能促进企业长远健康发展。领导要求员工做到的，首先自己先做到；要求员工不做的，自己绝对不去做。领导者的谈吐、行为、做法直接影响着员工，其实每个人都是细心的，领导者说到做到了，员工虽口中不说，眼睛会看到，心会感受到，会认真工作，遵规守纪；领导者为工作呕心沥血，忘我贡献，员工也会勤奋敬业，埋头苦干，这是潜移默化的结果。

一个企业的文化和员工敬业度在很大程度上与这个企业的领导风格有关。领导们抱怨员工不敬业，其实正是由他们自己不敬业导致的。为领导者，不要因个人的不良举止，让员工跟随效仿。领导是员工的榜样，"其身正，不令而行；其身不正，虽令不从"。领导说到做到，就是给员工做好了表率，起到了引领作用。

领导者率先垂范，以身作则，对员工负责，对企业负责。必须言行一致，说过的话就一定要用行动来兑现。言必行，行必果。如果只说不做，是不讲信誉的人，是缺乏高素质的表现。

唐代鸟窠道林禅师，9岁出家，初随长安西明寺复礼法师学《华严经》和《大乘起信论》，后学禅，参谒径山国一禅师得法，并成其为法嗣。南归后，因见杭州秦望山有长松，枝繁叶茂，盘曲如盖，便居于此，时人称他为"鸟窠禅师"。人们又叫他"鹊巢和尚"。

唐元和十五年，大文豪白居易拜访鸟窠道林禅师，他看见禅师端坐在鹊巢边，于是说道："禅师住在树上，太危险了！"

禅师答道："你的处境才非常危险！"

白居易听了大惑不解道："我乃朝中重臣，权倾朝野。我有什么危险呢？真是无稽之谈！"

道林禅师反问道："身居官场，如薪火相交，可是人在其中又往往意识不到，这难道还不够危险吗？"

白居易听后连连点头称是。

两人喝了一会儿茶，白居易才想起自己此行的目的，便问道："禅师，如何是佛法大意?"

道林禅师答道:"诸恶莫做,众善奉行。"

白居易不满意他这个回答,接着说道:"这是 3 岁小孩都知道的呀。"

道林禅师说道:"虽然 3 岁小孩也知道,可是 80 岁老人也不见得能做到啊。"

这个佛学故事的一个禅理是说,说和做不是等同的,话谁都会说,但是未必就能做到。做事情,重要的是做,而不是说。人们做不到的很多事情,原因就是把太多的时间浪费在说上,去空谈,却不舍得动一下手。

高尔基曾说过:"把说的话化成行动,比把行动化成话要难得多。"这说明了说与做的关系,即:少说空话,多干实事。

在一个企业中,很多领导能说会道,把过程说的天花乱坠,但是却没有一个真实的结果,这样的领导是做不出任何成绩的。能说的领导固然可以和员工交流得好,沟通顺畅,但是说到做到的领导更容易获得员工的认可和拥戴。

8

如何做一个高效执行的员工

最好的执行者,都是自动自发的人,他们确信自己有能力完成任务。这样的人的个人价值和自尊是发自内心的。

一位心理学家为了实地了解人们对于同一件事情在心理上所反映出来的个体差异,他来到一所正在建筑中的大教堂,对现场忙碌的砸石工人进行采访。

心理学家问他遇到的第一位工人:"请问你在做什么?"

那个工人没好气地回答:"在做什么?你没看到吗?用这么重的铁锤,来砸碎这些该死的石头。而这些石头又特别硬,害得我的手酸麻不已,这真不是人干的工作啊。"

心理学家又找到第二位工人:"请问你在做什么?"第二位工人无奈地答道:"为了每天 50 美元的工资,我才会做这件工作,若不是为了一家人的吃穿,谁愿意干这份砸石头的粗活?"

心理学家又问第三位工人:"请问你在做什么"?

第三位工人眼中闪烁着喜悦的神采："我正参与兴建这座雄伟华丽的大教堂。盖成之后，可以容纳许多人来做礼拜。敲石头的工作并不轻松，但当我想到，将来会有无数的人来到这儿，再次接受上帝的爱，心中便常为这份工作献上感恩。"

同样的工作，同样的环境，却有如此截然不同的感受。

第一个工人类型的人，他们是生活无望者。他们将工作视为负担，对生活失去了信心，他们有可能成为生活的弃儿。

第二个工人类型的人，他们是没有责任和荣誉感的人。对他们报有任何指望都是徒劳的，他们抱着为薪水而工作的态度，为了工作而工作。他们肯定不是企业可依靠和依赖的员工。

在第三个工人类型的人身上，看不到丝毫抱怨和不耐烦的痕迹。相反，他们是具有高度责任感和创造力的人，他们充分享受着工作的乐趣和荣誉。他们是最优秀的员工，是具有高效执行力的员工。

最好的执行者都是自动自发的人，他们确信自己有能力完成任务。这样的人的个人价值和自尊是发自内心的，而不是来自他人。自入学开始，西点就通过各种方式让新生明白，他们不会因为完成了任务而得到长官的称赞、拍肩膀。由此，他们学会了重要的一课：自我奖励。

第三种类型的工人，体现了西点的哲学：自动自发，自我奖励，视工作为快乐。持有这种工作哲学的员工，是每一个企业所追求和寻找的员工。他所在企业、他的工作，也会给他最大的回报。

优秀员工如同优秀士兵一样，具有一些共同的特质：责任感、团队精神、做事积极主动，富有创造力，且没有任何借口。

下面是执行高效员工的一些特征：

（1）虚心学习。谦虚使人进步，骄傲使人落后，坚持虚心向人学习的人，才是企业最需要的员工。

（2）有责任意识。员工能自觉地意识到自己所担负的责任，就会自动自发地去工作，也就会产生积极的工作效果。

（3）具有积极思想。具有积极思想的人，看事积极，做事主动。而那些有消极思想的人被动地对待工作，在工作中寻找种种借口，这样的人是不会做出大成绩的。

（4）爱护企业，愿意和企业成为一体。员工有大半的时间在企业中度过，企业是自己的第二个家。优秀的员工，都具有企业意识，能和企业甘苦与共。

（5）具有团队精神。团队精神是西点军校最重要的一种精神，在企业里也同样崇尚这一精神。

（6）有自主经营能力。如果一个员工只是照上面交代的去做事，这是不行的，每一个员工都必须以预备成为领导的心态去做事。如果这样做了，在工作上一定会有种种新发现，其个人也会逐渐成长起来。

（7）有担当精神。有气概担当精神的员工，做事有责任心，而且勇于负责任，这种精神会给企业带来不可估量的价值。

美国独立企业联盟主席杰克·法里斯13岁时，开始在父母的加油站工作。那个加油站里有三个加油泵、两条修车地沟和一间打蜡房。法里斯想学修车，但他父亲让他在前台接待顾客。

当有汽车开进来时，法里斯必须在车子停稳前就站到司机门前，然后迅速检查油量、蓄电池、传动带、胶皮管和水箱。法里斯注意到，如果他干得好的话，顾客大多还会再来。于是，法里斯总是多干一些，帮助顾客擦去车身、挡风玻璃和车灯上的污渍。

有段时间，每周都有一位老太太开着她的车来清洗和打蜡。这个车的车内地板凹陷很深，很难打扫。而且，这位老太太极难打交道，每次当法里斯给她把车清洗好时，她都要再仔细检查一遍，经常让法里斯重新打扫，直到清除掉每一缕棉绒她才满意。

终于，有一次，法里斯实在忍受不了了，他不愿意再侍候她了。法里斯回忆道，他的父亲告诉他说："孩子，记住，这是你的工作！不管顾客说什么或做什么，你都要记住做好你的工作，并以应有的礼貌去对待顾客。"

父亲的话让法里斯深受震动，法里斯说道："正是在加油站的工作使我学到了严格的职业道德和应该如何对待顾客。这些东西在我以后的职业经历中起到了非常重要的作用。"

对那些在工作中推三阻四，老是抱怨，寻找种种借口为自己开脱的人；对那些不能最大限度地满足顾客的要求，不想为顾客提供超出预期服务的人；对那些没有激情，总是推卸责任，不知道自我批判的人；对那些不能出色完成上级交付的任务，不能按期完成自己本职工作的人；对那些总是挑三拣四，对自己的公司、领导、工作不满意的人，最好的救治良药就是：端正他的坐姿，然后面对他，大声而坚定地告诉他：记住，这是你的工作！

既然你选择了这个职业，选择了这个岗位，就必须接受它的全部，而不是仅仅只享受它给你带来的益处和快乐。如果一个清洁工人不能忍受垃圾的气味，他能成为一个合格的清洁工吗？

美国前教育部长威廉·贝内特曾说："工作是需要我们用生命去做的事。对于工作，我们怎能去懈怠它、轻视它、践踏它呢？我们应该怀着感激和敬畏的心情，尽自己的最大努力，把它做到完美。"

第十章

把制度和执行铸造成一把双刃剑

制度和执行犹如剑的两刃,一刃锋利,另一刃亦锋利,这样就可以无往而不胜,绝不能仅保持一刃锋利,这样的话,势必无法长久。

1

制度很重要，出台需谨慎

一项新制度的出台，一定要慎之又慎，从一定意义上说，制度水平就是管理水平和领导水平的体现，一项好的制度往往出自于一个好的管理者或领导者之手。管理者或领导者个人素质高，理论水平高，实践经验丰富，那么其所设计和创立的制度就高明，逻辑也周延，可操作性也强。

每一个人都在各种大大小小的规章制度下生活和工作，这些制度给我们带来了秩序、效率和安全感。但是在我们身边时常有一些制度，匆匆地来，匆匆地去，不但没起到正面的作用，有时候甚至还起到了负面的作用。

一家报社，由于推行电脑化无纸办公，改变了编、校流程，差错率居高不下，不断收到读者的抗议信，这令报社领导头疼不已。经过研究，出台了一个新的差错惩罚制度，内容非常简单明了：在允许的差错率之外，内文每出现一处差错，当事人（该版编辑或撰稿记者及其部门主任各罚款 5 元，标题每处差错罚款 30 元（当时，这大约相当于一般编辑记者月收入的十几分之一）。

为了显示公平，同时特别强调，全社上下人等，概不例外。为了使惩罚达到立竿见影的效果，要求受罚者在接到通知后必须当即交纳罚款，而不是每月工资结算后从工资奖金中扣除。统计差错的依据一是读者来信、来电反映，二是社领导进行随机抽查。

如此前所未有的惩罚力度，使得编辑记者们不得不打起十二分的精神认真对待，差错很快明显地减少了。但是过了一段时间，新问题出现了：一是读者的差错举报具有非常大的偶然性，而且往往集中在几个重要的版面，而后面的几个不大被人注意的版面即使有差错也很少被提及；二是领导的抽查也非常随意，抽查的频次和对象更是不具备普遍性，因此遭到罚款的当事人都把自己的被罚归结为运气不好，更有几个被罚得心痛的版面编辑干脆拿着"证据"找社领导理论："某某人、某某版的差错远远比我多，为什么反倒是我被罚得更多？"有的则提出调换版位的要求，而此时明知理亏的领导也只好婉言开导，答应以后以某种方式补偿一下。

大多数人采取的是消极抵抗的办法——把心思全都放在少出错上，而在内容上敷衍凑合，甚至故意将版面内容编排得平淡无味以免引人注意，结果，差错是减少了，但报纸的整体编辑质量却迅速下滑。更为严重的是，由于每个有权随机抽查的社领导都有自己分管的业务部门，所以不自觉地有些偏袒自己的下属，在抽查时更多地"关照"其他部门和版面。很快，部门间的不满和摩擦就上升为原本就不睦的社领导之间公开的争斗，报社上下弥漫着一种紧张不安的气氛。

报社一把手看到这种情况，灵机一动，和其他领导一商量，对原先的规定进行了修改：不再仅仅由社领导负责抽查，而是每个人都有检查、举报差错的权力，罚款的政策不变，但罚款所得全部奖励给第一个发现并指出差错的人。这样一来，社里的气氛和缓了下来，因为谁也不愿撕破情面去挣这种烫手的奖励。直到总编室一位以严谨认真著称的老编辑李某有一天突然站了出来，将自己检查版面差错的战果贴上了评报栏。

报社公开表扬了老李，并按照规定立即兑现了奖惩。从这天起，报社降低差错率的努力就演变成了全社编辑记者与老李一个人之间的战争——老李自己负责的几块版总是第一个被贴上评报栏，给老李挑错成了每个人的一项自觉的重要工作，人们以能够挣到老李的罚款为一大乐事，有些标点、用词、句式本来谈不上错误的地方也被众口一词地指为差错，而老李给别人找出的问题，只要有一丝强词夺理的余地，大家都一致认为不能算错。

面对如此局面，社领导们无奈之中也只好睁一只眼闭一只眼，很难每次都给老李一个公道。几轮争斗下来，原本很少出差错的老李获奖受罚竟然勉强大致相当。最后，可怜的老李放弃了抵抗，不再出头露面。人们很快也"通情达理"地不再与他为难。风平浪静以后，差错率慢慢恢复了原先的水平，成为一个难以根除的顽症。

精心设计的制度创新以这样近乎闹剧的形式收场，似乎有些滑稽的味道。事后反思，这一结局倒也在情理之中。简单反思一下，可以归纳出如下结论：

（1）一般说来，奖罚的力度越大，制度执行的效果就越明显，特别是在希望迅速扭转某种不利局面的情况下更是如此，所谓"乱世用重典"就是这个道理。但是，制度的力度大，在执行中所遇到的反弹必然也就更大，制度设计上的某一点缺陷会导致整个制度被迅速全面突破从而失效。

（2）"兴一利必出一弊",关键在于在兴利的同时使可能带来的弊端处在管理者可以掌控的程度之内,否则就可能"医得癣疥之疾,却添心头之患"。

（3）制度是用来管人的,所以在制度设计的时候不仅仅要研究事,而首先是要研究人(包括制度的执行者和约束的对象),利用人的理性和趋利避害的本能来制约人性中的弱点。很多制度的失效就在于,人性中的某些弱点受到了制约,而人性的另外一些缺陷却在制度的框架内得到了放大。

（4）如果制度的实施使得蒙受损失最大的是那些遵守制度的人,那就是一项糟糕的制度,它所带来的结果肯定与制度所追求的目标正好相反。

（5）在建立规则的问题上,一次失败的尝试将使后来类似的努力变得更加困难,因此不能凭借一时的灵感而草率行事,必须慎而又慎。

不论在哪一个公司,都会听到一些人的抱怨之声,分析起来,人们的抱怨大体有两种,一是抱怨领导,二是抱怨制度。前者的抱怨比较复杂,包括做人做事等方方面面都可能引出抱怨之声。后者的抱怨就是对制度的不满。

严格说来,任何制度都是有瑕疵的,都可以被人挑出漏洞来,但关键是如何让制度的漏洞变得更小,或具有其他堵漏的方式。特别是一项新制度的出台,一定要慎之又慎,从一定意义上说,一项好的制度往往出自于一个好的管理者或领导者之手。管理者或领导者个人素质高,理论水平高,实践经验丰富,那么其所设计和创立的制度也高明,逻辑也周延,可操作性也强。反之,创立出来的制度就很可能有很多漏洞、不合理不科学,操作性也很差,所以制度的制定和出台需要慎之又慎。

2

将制度上升为"企业文化"

企业的管理其实从企业成立伊始就已经存在了,只要有企业就会有管理。同时,管理更多是无形的,并不是非得说出一大堆专业的术语才叫管理,真正的管理其实就体现在领导日常的言谈话语、行为表率中间。

在很多时候管理也并不是所向无敌,能解决所有问题。事实上管理只有在两种情况下才真正地发挥作用:一是为了解决问题,二是为了达到更高的目标。

现在很多的企业领导,张口闭口都是管理,以为这样地"弘扬"管理,就能给企业带来飞跃。其实,这种管理只是为了管理而管理,这种管理不仅是无益的,很多时候还是有害的。

经常看到"我们要靠严格的制度来管理企业"的口号,通过分析和研究,发现制度本身就存在着先天的不足。首先,制度更多是约束人的,而不是激发人的;其次,制度更多的是解决有形的问题,无形的、内心的问题则无法解决；再者，没有百分之百全面的制度，再好的制度也无法涵盖企业的所有方面。

制度本身存在不足的一面就是它也是要靠人来遵守和执行的，人不是机器，用制度和流程来管理只是在管理的初级阶段，人被动地接受管理并不能发挥出最大的效益，很多时候反倒会引起逆反使得效果适得其反。

很多人都对国外的管理模式大加赞赏，许多企业也都曾经大规模引进。国外的管理模式之所以成功，是因为当初在发明这种模式时是完全依据自身的情况和条件的，同时也是经过不断调整和改善而逐步完善和成功的。这就好比有人培养出了一个新品种的植物，这个植物一定是在特殊的土壤里，经过长期反复的筛选、改良、优化，最终而取得成功的。如果不顾实际直接把花拿过来，随意插在土里，希望它很快开花，那可能吗？

对于一个好的管理模式，必须要考虑它是否适合自己的企业，企业的情况是否适合它生根发芽？它是否能在自己期望的时间内发挥出效益？在管理学中有关管人的理论和方法很多。因为很多人都认为只要把员工管好了，其他的事就迎刃而解了。但是，人不是机器，机器可以管理，而人是很难管理的。因为人是有个性的，是有欲望的，人是可以想办法来对抗管理的。

企业中的人，只有在他们自觉自发的时候，才能够对企业发挥出最大的贡献和作用。因此管人的最大目的和作用应该是激发出人的自觉性和主观能动性，而管理的目的也其实不是管理人，而是激发人。

管理的理论与现实之间存在着巨大的差距，这是因为理论都要总结出简单的定理，而实际上的情况却总是千变万化，而难以彻底发现和完全掌控。这里面最大的问题和最主要的原因其实就是管理对象没有完全相同的。

很多领域需要专业的知识、技能和经验的，但在企业的经营管理上，很多成功的企业家并没有学过管理，也说不出什么管理的术语与理论，但是他们的成功却有目共睹。

企业的经营管理主要是对内和对外两大部分，也可以分为对人和对事两大部分。企业家的才干就是在这些繁杂的事物中体现出来，能抓住本质，掌握规律，从而高效胜出。

管理都是实践出真知。管理的专业化体现在为人处世方面，这方面如果很和谐，在企业的经营管理上就不会太差。

管理体系就是制度、流程、模式等，但从很多企业的成功管理来看，任何管理方法和管理模式仅有一整套的流程和系统是远远不够的，最终都要上升和形成一种相对应的企业文化，这样才能从思想上统一和指导具体的行为。

企业文化的塑造过程无论从哪方面来讲都是非常复杂和漫长的，中间还要经历很多的曲折和考验。不过，一旦建立好了，就可以坐享其成了，因为这时的企业文化也不是轻易可以被篡改的了。

企业文化是一种无形的氛围，它的作用与力量是无形和巨大的，也是指导、规范和监督各项制度和所有人行为的标准与原动力。在这种氛围中，所有的人都能被或多或少地同化，影响和激发企业中的每个人，使他们自觉地工作。

真正的企业文化已经形成为了一种风格，在这种风格中，每个人都不约而同按照这种风格的准则去做事。如果不按照这种风格去做事，要么改变自己去适应这种风格，要么自己就会感到格格不入最终被淘汰。

在企业管理中最能发挥作用的不是制度,而是企业文化。

当企业文化建立并发挥作用之后,其他的制度、流程、模式等还必须存在,但意义却都不重要了,因为这时企业中的每个人已能够自觉地工作、自觉地维护企业利益了。这时管理的形式和方法就没有太大的区别和作用了,管理本身也就不重要了。

3

慎重处理人情干预制度的问题

制度是一个国家、一个集体在管理过程中非常重要的因素,有人说过,"制度好可以使坏人无法任意横行,制度不好可以使好人无法充分做好事,甚至走向反面",可见制度的重要性。

中国人讲究人情,在人情关系大背景下,找熟人、托关系办事是常事,因而,往往在一个地方碰壁了,仍会去走"旁门左道"。如果找你办事没办成,他会找其他人的上级领导或者别的地方的上级领导然后再攀沿到你的上级领导,最终将事情解决。

制度是由人来执行的,很多时候也会受到个人的心情、个人对制度的理解等等人为因素的影响。有时候,当自己心情很好的时候,就会放宽制度的执行;有时候情绪比较低落的时候,就会非常苛刻地按章办事。就是在情绪比较舒畅、正常的时候,制度执行才会比较正常。执行人员与服务对象的亲疏关系也会影响制度的执行。

唐贞观三年(公元629年),濮州刺史庞相寿犯了贪贿罪,受到免职处分，并追还赃款。庞相寿为了保住官职，给唐太宗李世民写了一封信，据史书记载："庞相寿自陈幕府之旧"，哀求李世民念在"故旧"的情分上予以宽恕。原来，庞相寿曾在李世民的秦王府做过事，他打出"老下属"这张亲情牌，希望能让老上司网开一面。

李世民看了庞相寿的上书后，"深矜之"，决定给庞相寿警告处分，官还继续让他做。这事被敢于直言的魏征知道了，直言相谏说："庞相寿为人'猥滥'，贪婪卑鄙，远近闻名，可说是罪不可恕。现在陛下因为顾念'故旧私情'，不仅赦免了他的'贪浊'之罪，还让他官复原职，这样做无益于他弃恶从善，重新做人。况且，过去秦王府故旧熟人很多，如果这些人犯了法，都依仗与陛下有私情而受到庇护，那么只会使贪鄙者得意，为善者害怕，社会怎得太平安宁？"

李世民被魏征这么一说，也觉得如果能把庞相寿拿下，既能以儆效尤，又能赢得从谏如流的美誉。于是他召见庞相寿说："我昔日为秦王，自然要为王府做主；现在我是皇帝，已是天下之主，既为天下之主，就不能'偏与一府恩泽'，专凭私情来照顾你这个王府老部下了。"于是李世民发放了一点补偿金，把庞相寿打发回家了。

《后汉书》中也记载了一段关于苏章的故事：

苏章是东汉的一名官吏，有一年，朝廷任命他为冀州刺史。他上任后，到各地考核官吏的治绩。考察到清河时，百姓纷纷来告状，所告的对象是清河太守，告他强占民田，贪赃枉法。苏章暗中派人进行了查访，果然掌握了清河太守的大量罪证。本该把清河太守抓起来审判，但苏章没有立即行动，因为这个清河太守与他有多年的交情。

苏章在家中预备了好酒好菜，把清河太守请到了自己家，二人把酒言欢。酒过三巡，菜过五味，苏章对太守说："今天夜里，我之所以同你一起喝酒，是因为我们之间的私人感情很好啊！明天，在公堂上，我身为冀州刺史，要考核你的治绩，那就是公事了啊！"太守没听出弦外之音，随声附和了几句。

第二天，苏章就派人将太守抓了起来，太守还以为弄错了。苏章令人宣布了太守的罪状，不容太守多说，便将他押进了大牢。

这两个故事，一个是皇帝，一个是官吏，他们在人情与制度面前，既讲了人情，又没有忘记制度。

中国历来非常强调人情，"关羽守华容，义释曹孟德"成为千古佳话，"士为知己者死""为朋友两肋插刀""滴水之恩当以涌泉相报"成为中国人讲人情为人处世的重要标准。

在企业里将此标准应用到管理中，领导大多数都是人情化管理的"高手"，管理的风格也是以情感人。我对他这么好，我这么信得过他，他应该会知恩图报、把事情做好；领导待我不薄，我需要好好做工作，要不然对不起他。彼此的情感交易，成为把事情管好的重要手段。

人和事一旦合二为一，事情的完成要靠感情去驱动，人事不分，管理中的各种问题就会出现。感情的投入和得到的回报，往往不同。人心里各有一杆秤，一旦称量得不一致，问题就会发生。另外，企业或者公司的矛盾无处不在，对得起感情，往往对不起事情。企业是各岗位各司其职，做好自己分内的事，企业最终的目标才能达成。部门和部门之间、岗位和岗位之间、上级和下级之间、个人和团体之间，往往存在着不可回避的矛盾和冲突。

企业管理必须平衡人情和制度，因为人情管理和制度管理从本质上说并无优劣，全因企业管理的具体情况而定。不管企业实行的人情还是制度管理，目的通常都是为了调动员工积极性，开发员工的潜力。

人情过了头，员工就开始疏懒不积极。潜力激发不出时，良好的奖惩管理就能在平衡中起到有效的作用；同样，当制度苛刻，员工消沉不愿卖力时，只有人情，才能重拾信心与进取努力。

4
人性化的制度侧重于能动性的执行

　　人性化管理和执行力是现代企业管理中常见的名词。怎样才能做到管理的人性化，同时又使企业拥有有力的执行力呢？可能有人会觉得人性化和执行力有着天生的对抗性，既想使员工尽量发挥主观能动性，又想使员工坚决支持企业的决定，如何能做到呢？

　　什么是制度的人性化？制度要有区别，没有一种制度是放之四海而皆准的，制度要以激发员工的工作动力为标准。比如，对于研发人员，最重要的可能是他的创造性和解决问题的能力，他们没有真正的8小时工作制，灵感也许并不是在上班时间产生；对于销售人员，最需要是关心他最后的签单，更为重要的是这个结果必须与他个人息息相关，才会对他有最大的激励；而对于行政管理人员，就是要处理公司日常的工作琐事，上下班时间、上班时的形象可能都比较重要。在一个公司里，只有不同的人性化的制度才能使每个部门都充分发挥他们的作用，促进公司的发展。

人性化的管理不等于放纵管理，好的制度也不等于宽松的制度。《三国演义》里刘备入蜀后，诸葛亮立刻把原来松散的制度归于严格，法正问诸葛亮：高祖刘邦入关中，与民约法三章，以宽而得人心，丞相为何反其道而行之呢？诸葛亮心里明白，原来蜀中治理过于宽大，反而放纵了那些触犯制度的坏人，使好人受害，所以要加强法制。一个公司同样如此，如果做的好的没有奖励，做的不好的没有惩罚，似乎很仁慈，但对一个企业却是莫大的伤害。

领导一定要对每个部门的工作流程和内容有很透彻的了解，才能制定出人性化的制度。

有了人性化的制度，只是第一步，紧接着面对的就是执行。制度可以而且应该人性化，但执行却不应该人性化。

制度需要人性化，执行却不需要人性化。怎么样才能使人性化的管理无情地执行呢？

（1）制度要在许可的范围内尽量透明，使各部门的员工都明白自己部门的制度，如果他愿意，也可以适当了解别的部门工作的性质和制度。这样才不会出现每个人都认为自己部门制度苛刻，而别的部门的人都很轻松。

（2）主管领导要和下属充分沟通，知道他们的愿望，也帮他们分析愿望的合理性。这样才能使员工真正明白本部门制度，真心遵循制度。

（3）制度一定不能因人而异。不管你是什么身份，你原来有过什么功劳，你有多强的能力。在制度面前一律平等，否则，制度就是一纸空文。

一个企业是一个有机的组织，组织不同于个人，必须有制度，好制度可以让组织里每一颗螺丝钉物尽其用。而制度被不打折扣地执行，这才是一个能够所向披靡的企业。人性化管理,也就是设法满足人性的、善的、良知的、光明合理的需要的管理。

人性化的需要具体体现是什么?美国心理学家马斯洛提出了关于人的需要结构理论——需要层次论。马斯洛说的人的五种需要分别是:

(1)生理的需要。这是人类维持自身生存的基本需要,如衣、食、住、行等,体现为保证身体发展需要。在企业的工作环境中吃不好,睡不好,没有基本的生活保障的情况要根本解决。

(2)安全与安定的需要。这是要求保障人身安全和使人们摆脱对失去工作以及丧失衣、食、住、行等条件的担心的需要。体现为希望找到的工作有安定的收入,能安全地工作。

(3)社会性的爱与归属的需要。包括人与人之间的友谊、忠诚、爱情以及归属于某一群体、组织的需要等,体现为希望在容易相处的团体中工作,在能干的上司领导下工作。

(4)尊重的需要。包括对一定的社会地位、名望、个人能力及成就的社会承认,能独立自主地工作和生活等需要,体现为希望受到团体中同事及上司的肯定。

(5)自我实现的需要。指实现个人理想、抱负,最大限度地发挥自己才干的需要,能行使权限,自由地工作,能力能在工作上发挥,不断地得到授权与肯定,以创造更大的社会效益,满足于工作的成果。

要使这些人性的需要得到满足,就需要合适的制度提供保障,并且要使这些制度能够得到执行。

社会上太多这样的例子了,管理阶层为了自己的方便,利用手中权力弄个条例,搞个规定,再利用职权强行推行下去,而领导自己却不遵照执行,因为他是领导。这不是人性化管理。

讲人性化，以人为本，是一种先进的管理与经营理念，它可以让所有人都积极起来，使集体获得更好的竞争力，但同时会让管理层失去很多自由。人性化的根本就是人人平等。要更好地人性化，以人为本，必须要有完善的制度作为保证，否则管理层失去的那些自由会在一个不经意的角落里又冒起来。

5

执行细节就是维护制度的严谨性

关于细节问题，思想家老子就说过："天下难事，必做于易；天下大事，必做于细。"另外，还有"泰山不拒细壤，故能成其高，江海不择细流，故能就其深"。惠普公司创始人戴维·帕卡德认为"小事成就大事，细节成就完美"。《细节决定成败》一书中写道："大礼不辞小让，细节决定成败。在现代企业中想做大事的人很多，但愿意把小事做细的人很少。我们的企业不缺少雄韬伟略的战略家，缺少的是精益求精的执行者。我们决不缺少各类管理规章制度，缺少的是规章条款不折不扣的执行。"这些见解都充分说明任何事情的成功，必须从简单的事情做起，从细微之处着手，细节的处理对执行力起着决定作用。

纵观成功的组织或企业，对细节的苛刻追求造就了强有力的执行力，最终获取了巨大的成功。被商业界誉为世界上最贵的字母"M"，麦当劳详细科学测算出92厘米是拿取食物、放置钱币的最合适高度，因此规定全世界的分店销售柜台高度做成92厘米，铸就成为快速食品第一帝国；其竞争对手肯德基，在食品的制造工艺上，严格规定鸡块要在面浆中拿进拿出 15 次后再进行烹炸；沃尔玛规定所有出现在卖场的员工，要对周围 3 米内的顾客报以微笑，并规定微笑时要露出 8 颗牙齿。

做事情把细节做好十分不容易，注重细节是一种工作态度，更是一种做事做人的态度，对工作细节的孜孜追求能转化成完美的执行力，从而推动整体战略的部署，正如通俗的说法："好的思想靠行动，好的概念靠运作，好的制度靠实施"，而所有这些，都离不开对细节的关注。

一位企业经理有一个不好的毛病，就是不管在什么场合，一到得意处，便不自觉地抠自己的鼻孔。一次，他在与合作方进行有关合资的谈判，前期双方谈得非常顺利，马上就进行到签字生效的地步了。就在这时，这位经理毛病发作，手指不自觉地便伸进了鼻孔。他一边与合作方老总谈笑风生，一边抠着自己的鼻孔。这个动作被对方老总注意到了，皱起了眉头。

几分钟后，他依然在继续着自己的动作。合作方老总阻止了在协议书上签字的代表。随后表示，合作意向还需再重新研究，然后领着自己的人直接走人。这位经理及他的谈判人员都非常莫名其妙。

事后，有人问那位没有签约的老总，究竟是什么原因使他在关键时刻改变了主意。这位老总的话传到参加谈判的人员耳中，令他们大吃一惊。

那位老总说："在那样庄重的场合，对方的经理竟然当着客人的面抠自己的鼻子，而且肆无忌惮，说明经理先生的素质是非常低的。经理的素质如此之低，其手下的员工素质也便可想而知了。与低素质的人合作，是要冒极大风险的。我们不愿意拿自己的资金来冒这样大的风险。"

荀子言："不积跬步，无以至千里，不积小流，无以成江海。"凡事皆是由小及大，不愿去做小事，能做成大事就只是空想。要成功，就要从小事做起。

细节实质是什么？细节是一种习惯，是一种积累，也是一种眼光，一种智慧。只有保持这样的工作标准，你才能注意到问题的细节，你才能做到为使工作达到预期的目标而思考细节，才不会为了细节而细节。细节不是空喊出来的，是要切实关注和扎实做到的。

一家公司招聘新人，已经淘汰了好几批参加面试的人选。这时无论是面试者还是被面试者都感到了几分紧张。如果今天再不能选出合格的人选，那公司的许多工作就要受到影响；对被面试者来说，如果能进入这家全国知名企业工作，那今后的事业发展将不可估量。

一位年轻人走进了面试办公室。他在门口看到一张小纸片，出于习惯，年轻人弯下腰捡起纸片并顺手把它扔到了垃圾筒。面试过后，主持面试的公司总裁叫这位年轻人留下来，他告诉年轻人可以马上到公司参加培训，等培训合格后就可以正式上班了。

年轻人自己都有些不敢相信，因为他知道在招聘过程中进入面试这一关的都是精英，而且据他观察，其中有不少人的能力水平都在他之上。总裁看出年轻人的疑惑，笑着说："这正是我找你谈话的原因，你的能力水平确实不是所有应聘者中最好的，但是，只有你在面试时通过了一项最关键的考验——门口的那张小纸片是我故意叫人放在那里的。"

那些与年轻人一同去参加应聘的人，并非没有看到门口那张虽然不大但却明显的纸片。对于他们来说捡起地上的小纸片同样只是弯一下腰那么简单，但是他们却认为如此琐碎的事情不值得一做，所以他们就错过了进入那家大公司的机会。

那年轻人就是美国汽车工业之父——亨利·福特。他用自己的实际行动证明了当初那位总裁的独到眼光。亨利·福特是幸运的,他的幸运不仅在于自己遇到了慧眼识英才的总裁,更在于他对每一件小事都不疏忽的认真精神。

戴维·帕卡德说:"小事成就大事,细节成就完美。"成功就是由一件又一件小事、一个又一个细节积累而成的。如果能把握住这些细节,人们就能获得成功;如果不注重细节的积累,而只想一举成功,那实在是白日做梦。

6

通过制度有效提升员工的执行力

员工执行力的构建与培养并非一朝一夕之事,领导要站在员工的立场想问题,通过各种机制和人文管理模式调动员工的工作热情,充分发挥员工的创造力,使员工自愿、高效地投入到企业运营的各个环节,实现员工执行力的不断提升,促进企业的综合实力大大提升和发展。

那么如何通过制度提高员工的执行力呢?

(1)加强规章制度的宣传教育工作。可能有的制度一开始是遭到员工反对的,通过不断地宣传、讲解,让人们了解到它的优势和好处,员工就会理解这个制度的重要性,并且能在执行过程中取得自身的进步,自然就会主动去按照规章制度办事了。

(2)制度绝不能有例外。领导者是制度的第一执行人,在制度面前人人平等,这样的制度才能受到人们的尊重,才能得到好的执行。

(3)激发出员工的积极性。有竞争就有压力,利用员工的好胜心激发员工的潜能。但要做到公平,才能让员工发自内心地服从。制度、目标、激励，一个都不少。

影响员工执行力的因素主要有下面几点：

（1）员工缺乏归属感。员工归属感是指由于物质和精神两方面的共同作用，使某一个体对某一整体产生高度的信任和深深的眷恋，从而该个体在潜意识里将自己融入到整体中去，将该整体利益作为自己行事的出发点和归结点。很多企业并没有形成员工归属感文化，员工在工作时更多追求自我的物质价值，与企业没有形成共同的价值观念。

（2）工作流程未实现标准化。实现工作流程标准化是实现员工高效执行力的关键。未实现工作流程标准化，会导致员工不按照工作流程标准操作，相互推诿工作，产生与企业的敌对情绪，影响产品质量，使企业执行力下降。

（3）制度建设缺乏合理性。首先，管理制度不健全。员工在完成具体工作操作时会发现某些制度管理空白。其次，管理制度缺乏可操作性。制度不与员工现实工作所匹配。如果制度的可操作性较差，会使员工工作动摇，积极性减弱，影响执行力。最后，制度繁杂且针对性不差，员工无所适从。制度贯彻执行力度不足，缺乏后期的追踪与检查。

（4）激励方式仅停留在物质激励层次。企业合理的激励方式会促进员工的执行力，激励不能狭义理解为物质方面，因为每个人对工资和薪金的自我期待值不同，单纯的物质激励有时不能满足部分员工的期待值和自我评价标准，使员工失去正确的奋斗目标，放松自我管理和要求。员工的消极心理会互相影响，产生负面效能，影响企业总体工作氛围。

（5）执行力文化建设的缺失。企业发展到一定规模后，已经形成了制度体系，但是还是会存在有制度不执行的现象，这正是执行力文化缺失的表现。企业长青发展，更多是源自企业内涵文化的建设，而执行力文化是员工良好的职业道德、职业素养的集中体现。

员工执行力构建和培养的措施可从以下三点进行：

（1）建立良好的企业文化。良好的企业文化氛围能够培养员工归属感，引导员工的价值取向，因此要建立良好的企业文化，可从几方面进行企业文化建设。

①尊重员工的人格，避免粗暴式管理。领导要讲究管理的艺术，以真诚贴心的态度管理人和事。

②关心员工的利益和需求，使企业文化建设更加人文和人性，避免假大空。

③加强对员工学习和创新能力的培养，使员工意识到自我素质提高对工作效率的作用。

④关注员工个人价值的提升。在企业员工数量较多的企业中，领导一般较难关注到基层员工的工作状态和心理感受，在这方面，需要领导下些工夫。

⑤领导要注重员工精神方面的需要，对员工生活和工作中的困难给予关心和帮助，多听员工的意见和感受，增进企业的凝聚力，对企业核心价值理念进行各种内刊、板报、网站等方式的宣传和引导，使员工个人价值和企业价值一致，形成合力，提高员工和企业的执行力。

（2）建立良好的工作标准。如果没有良好的工作标准，执行能力越强对企业造成的损失越大，因此企业要对各个工作环节建立岗位流程标准书，明确工作的具体内容和职责。企业实行工作流程标准化，将员工积累的技术或经验通过文字和制度方式呈现，对新进入员工形成培训作用。

（3）建立合理的监督与激励手段。员工执行力体系的实施过程，离不开必要的监督与激励手段的有机结合。一方面，员工执行力体系需要有力的薪金待遇、精神激励、绩效考核等激励机制的刺激和鼓励，调动起员工的工作积极性，但如果只是单一的激励，有的员工自我监管能力差，会导致执行力下降。因此，另一方面，领导必须对员工执行力的过程进行有效控制，一般可以根据工作的时间段进行合理划分，进行任务前、中、后的实时监控。